MISSIONÁRIOS NO AMBIENTE DIGITAL: EM NOME DE QUEM?

Moisés Sbardelotto

MISSIONÁRIOS NO AMBIENTE DIGITAL: EM NOME DE QUEM?

DIREÇÃO EDITORIAL:	Edvaldo Manoel Araújo, C.Ss.R.
CONSELHO EDITORIAL:	Domingos Sávio da Silva, C.Ss.R.
	Jônata Schneider de Andrade, C.Ss.R.
	Lucas Emanuel Almeida, C.Ss.R.
	Márcio Fabri dos Anjos, C.Ss.R.
	Marco Lucas Tomaz, C.Ss.R.
	Thiago Costa Alves de Souza, C.Ss.R.
COORDENAÇÃO EDITORIAL:	Ana Lúcia de Castro Leite
Copidesque:	Maria Isabel de Araújo
DIAGRAMAÇÃO E CAPA:	Mauricio Pereira

Dados Internacionais de Catalogação na Publicação (CIP) de acordo com ISBD

```
S276m    Sbardelotto, Moisés

              Missionários no ambiente digital: Em nome de quem? / Moisés
         Sbardelotto. - Aparecida : Editora Santuário, 2024.
              136 p. ; 14cm x 21cm.


              ISBN: 978-65-5527-431-8
              ISBN: 978-65-5808-287-3 (Paulinas)


              1. Religião. 2. Cristianismo. 3. Missionariedade. 4. Ambiente
         digital. 5. Igreja católica. I. Título.

                                                               CDD 240
         2024-1722                                             CDU 24
```

Elaborado por Odilio Hilario Moreira Junior - CRB-8/9949

Índice para catálogo sistemático:
1. Religião : Cristianismo 240
2. Religião : Cristianismo 24

Paulinas

Rua Dona Inácia Uchoa, 62
04110-020 – São Paulo – SP (Brasil)
Tel.: (11) 2125-3500
paulinas.com.br – editora@paulinas.com.br
Telemarketing e SAC: 0800-7010081

Direção Geral: Ágda França
Editora responsável: Maria Goretti de Oliveira

Todos os direitos reservados à **EDITORA SANTUÁRIO** – 2024

 Rua Pe. Claro Monteiro, 342 – 12570-045 – Aparecida-SP
Tel.: 12 3104-2000 – Televendas: 0800 - 0 16 00 04
www.editorasantuario.com.br
vendas@editorasantuario.com.br

A Anne, Martim e Nino,
missionários do amor de Deus no
cotidiano da vida em família, e à Comunidade
Missionária de Cristo Ressuscitado,
com quem compartilho a missão.
Estas reflexões também são fruto do que
elas e eles têm me ensinado ao longo do caminho.

Sumário

Lista de siglas 11

Prefácio 13

1 Uma Igreja sinodal digital?
Introduzindo a reflexão...17

2 A missão da Igreja: comunicar a Boa Nova...............23

2.1 Uma missão que nos foi dada...........................25

2.2 Uma missão que não começa em nós 26

2.3 Uma missão que não depende só de nós.........27

2.4 Uma missão que não acaba em nós 30

2.5 Uma missão que não tem
recompensa imediata..32

2.6 Uma missão que é feita juntos e a caminho 34

3 Ambientes digitais: reconhecendo o território.........39

3.1 Espaços habitados: perspectiva sociocultural.......40

3.2 Latifúndios oligopolizados:
perspectiva político-econômica 43

3.2.1 Economia da atenção:
o produto somos nós..............................47

4 A missão da Igreja em tempos de "Reforma digital"..............................53

4.1 "Contrarreforma digital": algumas respostas católicas..............................55

4.2 Um "Sínodo digital"..............................58

5 A missão nos ambientes digitais 65

5.1 A cultura digital como "dimensão crucial" da missão..............................66

5.2 Sombras e limitações: questões em aberto 69

5.2.1 Novas fronteiras digitais:
quais os limites?..............................70

5.2.2 Regulamentação e vigilância bastam?...........75

5.2.3 Superficialidade, polarização e ódio:
isso é missão?..............................78

5.2.4 Cultura digital é só coisa de "jovem"?..............82

5.3 Luzes e possibilidades: aprendizagens possíveis 86

5.3.1 Conversão pastoral digital:
uma Igreja em rede..............................86

5.3.2 Critérios pastorais digitais:
discernimento a partir das fontes..............................89

5.3.3 Formação:
um missionário digital não deixa
de ser discípulo..............................92

5.3.4 Articulação: agir em rede
e em comunhão..............................94

6 A missão cristã no ambiente digital como anti-influência digital 97

6.1 O mercado da influência digital.................................. 98

6.2 A missão cristã como anti-influência digital 100

7 O método Emaús..107

7.1 Encontro..108

7.2 Escuta 111

7.3 Diálogo..114

7.4 Testemunho...118

8 Para continuar o caminho.... 123

Referências 129

Lista de siglas

AG   Decreto *Ad gentes* (Concílio Vaticano II, 1965)

AL   Exortação apostólica pós-sinodal *Amoris lætitia* (Francisco, 2016)

ChV   Exortação apostólica pós-sinodal *Christus vivit* (Francisco, 2019)

DCIB   *Diretório de Comunicação da Igreja no Brasil* (CNBB, 2023)

DGAE   *Diretrizes Gerais da Ação Evangelizadora da Igreja no Brasil 2019-2023* (CNBB)

DMCS   *Mensagem pontifícia para o Dia Mundial das Co municações Sociais*

DMPo   *Mensagem pontifícia para o Dia Mundial dos Pobres*

DAp   *Documento de Aparecida* (Celam, 2007)

EG   Exortação apostólica *Evangelii gaudium* (Francisco, 2013)

EN   Exortação apostólica *Evangelii nuntiandi* (Paulo VI, 1975)

ES   Carta encíclica *Ecclesiam suam* (Paulo VI, 1964)

FT   Carta encíclica *Fratelli tutti* (Francisco, 2020)

IL   *Instrumentum laboris* do Sínodo sobre a Sinodalidade (2023)

LS   Carta encíclica *Laudato si'* (Francisco, 2015)

RdS	*Relatório de Síntese* da Primeira Sessão da XVI Assembleia Geral Ordinária do Sínodo dos Bispos (2023)
RM	Carta encíclica *Redemptoris missio* (João Paulo II, 1990)
RPP	*Rumo à presença plena: uma reflexão pastoral sobre a participação nas redes sociais* (Dicastério para a Comunicação, 2023)

Prefácio

Quando Moisés Sbardelotto, autor do livro que temos em mãos, convidou-me para escrever este prefácio, fiquei emocionada e honrada. Conheço Moisés há muitos anos e tenho a alegria de partilhar com ele e sua família nossa caminhada eclesial na Comunidade Missionária de Cristo Ressuscitado. Por isso, posso testemunhar a busca permanente de Moisés, comunicador por vocação, de viver sua fé em diálogo com os desafios apresentados pelo tempo em que vivemos, colocando sua inteligência e seu profissionalismo para questionar, iluminar, apresentar novos caminhos para ser uma Igreja em saída às periferias existenciais e sociais do nosso mundo.

O livro *"Missionários no ambiente digital: em nome de quem?"* é de ágil leitura, e, na medida em que vamos adentrando nela, somos contagiados pela paixão de Moisés, em sintonia com o magistério do Papa Francisco, de anunciar a Boa Nova do Evangelho no areópago de nosso século, o mundo digital.

Assim como o apóstolo Paulo precisou da linguagem e do conhecimento da cultura grega para comunicar o evangelho de Jesus Cristo, a Igreja hoje precisa com urgência conhecer e estudar o novo paradigma da cultura digital, para assim dar continuidade à missão cristã.

Nos primeiros capítulos, o autor desenvolve de forma clara a "genealogia" da missão da Igreja, que tem sua fonte no coração da Trindade, Amor que é comunicação permanente com toda a sua criação. Atinge seu ápice na pessoa de Jesus Cristo, o missionário do Pai, e chega até nós por meio da fé comunicada geração após geração, repousando em nós a responsabilidade de dar continuidade a essa missão. E, para essa continuidade, o livro nos apresenta duas chaves importantes para o "como" e o "onde" ser missionários: a sinodalidade e o mundo digital.

O capítulo quatro, *"A missão da Igreja em tempos de 'Reforma digital'"*, é central para compreender a relevância do tema e o conteúdo deste livro. Proponho uma leitura pausada deste capítulo, para poder perceber e acolher com discernimento as implicações que a revolução digital traz para a vida e a missão da Igreja de hoje.

Dando continuidade a nossa leitura, surpreende-nos o "Sínodo digital" e as mudanças de compreensão que ele mesmo traz: "A originalidade da proposta de realizar o Sínodo nos 'ambientes digitais' não está no uso de instrumentos digitais, mas na valorização dos espaços digitais como 'locus' habitados por pessoas de forma natural e adequada, olhando para sua realidade a partir da sua própria cultura... Não basta utilizar a rede, ela deve ser compreendida, deve ser habitada, com sua linguagem e sua dinâmica".

Quando o Ressuscitado envia seus discípulos e discípulas para serem seus missionários até os confins da terra (At 1,8), podemos incluir dentro desses confins o continente digital. Por isso é muito válido falar de missionários digitais! Sem dúvida, essa missão representa também um desafio na espiritualidade, na teologia, na formação e na organização eclesial, como o próprio autor cita: "A missão nos ambientes digitais é considerada uma nova 'fronteira' que exige da Igreja uma abordagem inovadora e integral, harmonizando a tradição eclesial com suas diversas 'traduções' nas linguagens e nos meios contemporâneos".

Os últimos capítulos oferecem luzes para trilhar esses novos caminhos missionários, assim como alerta profeticamente para a existência de falsos pastores ou falsos missionários digitais, que propagam uma fé desencarnada, individualista e descontextualizada da realidade em que vivemos, em dissonância com o pensamento e as práticas do Papa Francisco.

"Missionários no ambiente digital" é um apelo a conhecer com amor e discernimento a cultura digital, é um chamado a assumir o ambiente digital como terra de missão. Ao finalizar sua leitura, brota em mim uma prece à Divina *Ruah* para que Ela continue renovando e conduzindo a Igreja em sua missão até os confins da terra.

M. Cristina Giani Sala, mcr

1. Uma Igreja sinodal digital? Introduzindo a reflexão

Desde o início de seu pontificado, o Papa Francisco vem convocando a Igreja a uma "saída missionária". Esse dinamismo impulsiona a comunidade eclesial principalmente a "sair da própria comodidade e a ter a coragem de alcançar todas as periferias que precisam da luz do Evangelho".[1] Por isso, entre uma Igreja acidentada que sai pelas estradas e uma Igreja doente de autorreferencialidade, o papa não hesita em preferir a primeira. "Entre essas estradas estão também as digitais, congestionadas de humanidade, muitas vezes ferida: homens e mulheres que procuram uma salvação ou uma esperança."[2]

Como veremos ao longo deste livro, a Igreja se encontra atualmente em meio a uma "Reforma digital", uma verdadeira revolução sociocultural impulsionada pela cultura digital que está provocando também uma transformação religiosa. Com isso, os ambientes digitais não só oferecem os meios para que as pessoas pratiquem de um modo mais autônomo e comuniquem publicamente sua fé em rede, como também para que se interconectem de modo global e instantâneo. Dada a facilidade de acesso e de participação

---

1 EG 20.
2 DMCS 2014.

social nos ambientes digitais, as práticas religiosas neles realizadas vêm ressignificando processos basilares da experiência do catolicismo, como sua própria missão e sua comunhão.

De sua parte, especialmente a partir de 2020, a Igreja assumiu como foco de sua reflexão justamente a "sinodalidade", o "caminhar juntos" (*syn* + *odos*, no grego) em meio a essa "mudança de época", como reitera Francisco. Em março daquele ano, foi anunciada a convocação pelo pontífice de um novo Sínodo dos Bispos, a assembleia consultiva de representantes do episcopado e de membros da Igreja Católica em geral, voltada a ajudar o papa no governo da Igreja. O tema escolhido pelo papa foi *"Para uma Igreja sinodal: comunhão, participação e missão"*. Em seu discurso inaugural desse processo sinodal em outubro de 2021, Francisco afirmou que se trata de "uma grande oportunidade para a *conversão pastoral* em chave missionária" e, citando o teólogo francês Yves Congar, explicou: "Não é preciso fazer *outra Igreja*; é preciso fazer uma *Igreja diferente*".[3]

O processo sinodal contemplava duas sessões da Assembleia Geral Ordinária do Sínodo dos Bispos, realizadas no Vaticano em outubro de 2023 e em outubro de 2024. A preparação para essas sessões foi bastante inovadora em relação aos Sínodos anteriores, tendo sido subdivida em três fases distintas: a *fase diocesana*, de outubro de 2021 a abril de 2022, que promoveu um grande e inédito processo de escuta dos fiéis nas dioceses do mundo inteiro; a *fase continental*, de se-

---

3 Francisco. *Discurso no momento de reflexão para o início do percurso sinodal*, 9 out. 2021.

tembro de 2022 a março de 2023, na qual foram realizadas assembleias das Conferências Episcopais dos diversos continentes; e a *fase da Igreja universal*, ou seja, as duas sessões da Assembleia Geral do Sínodo, no Vaticano, ambas com a presença de mais de 400 delegadas e delegados do mundo inteiro.

Francisco já deixou claro que "o caminho da sinodalidade é precisamente o caminho que Deus espera da Igreja do terceiro milênio".[4] A sinodalidade, portanto, deve se manifestar como o *estilo* em que a Igreja vive e atua em seu cotidiano. Uma Igreja sinodal, no desejo do papa, é "um lugar aberto, onde todos se sintam em casa e possam participar". É ainda uma "Igreja da escuta", que ouve os apelos do Espírito e também dos irmãos e das irmãs, a partir dos sinais que provêm das realidades locais. Por fim, é uma "Igreja da proximidade", que se baseia no próprio *estilo de Deus*, que é compaixão e ternura, a fim de estabelecer laços de amizade mais fortes com a sociedade, "uma Igreja que não se alheie da vida, mas cuide das fragilidades e pobrezas do nosso tempo, curando as feridas e sarando os corações dilacerados com o bálsamo de Deus".[5]

Uma Igreja sinodal, portanto, é uma Igreja *profundamente comunicativa*. Missão, participação e comunhão são processos fundamentalmente comunicacionais. E hoje, em tempos de "Reforma digital", a Igreja se encontra em meio a uma efervescência de novas linguagens, práticas e tecnologias comunicacionais. Nesse sentido, os ambientes digitais adquirem uma relevância muito

---

4 Francisco. *Discurso na comemoração do cinquentenário da instituição do Sínodo dos Bispos*, 17 out. 2015.

5 Francisco, 2021.

significativa frente ao desafio de "caminhar juntos" em missão, em comunhão e com participação.

Essa preocupação aparece nas diversas fases do Sínodo e nos vários documentos compilados pela Secretaria Geral no processo sinodal. Nas fases diocesana e continental, realizou-se ainda um inédito "Sínodo digital", como passou a ser chamado oficialmente. Esse projeto-piloto buscou promover a reflexão sinodal nas principais redes e plataformas digitais. Por sua vez, a primeira sessão da Assembleia Geral enfatizou justamente os *"Missionários no ambiente digital"* como título de um dos 20 capítulos de seu *Relatório de Síntese* sobre as principais questões abordadas. E a "missão no ambiente digital" também foi o tema escolhido pelo próprio Papa Francisco para ser aprofundado por um dos 10 grupos de trabalho solicitados por ele em preparação à segunda sessão da Assembleia Geral.

Se, então, a sinodalidade é o "modo de vida" característico da Igreja, e se a cultura digital é hoje um ambiente de vida das sociedades contemporâneas, essa inter-relação precisa ser pensada e praticada de forma consciente e crítica. Isso envolve o discernimento das possibilidades e também dos limites, tanto do ponto de vista da cultura digital em geral, quanto da atuação dos "missionários digitais" em particular, segundo uma perspectiva sinodal da Igreja.

Por isso, neste livro, aprofundaremos, primeiramente, qual é, afinal, a missão da Igreja, seja nos ambientes digitais ou fora deles, com base na sabedoria do próprio magistério eclesial (capítulo 1). Em seguida, reconheceremos o território desses ambientes a partir de um olhar sociocultural e de uma análise político-econômica (capítulo 2), a fim de explorarmos os efeitos da "Reforma digital" sobre a própria Igreja (capítulo 3). Com isso, valendo-nos dos "frutos maduros" do amplo esforço eclesial do mundo inteiro presentes nos documentos do processo sinodal, poderemos examinar as reflexões e desdobrar as questões ainda em aberto sobre a "missão nos ambientes digitais", tanto do ponto de vista de suas sombras e limitações, quanto de suas luzes e possibilidades (capítulo 4). A partir disso, refletiremos sobre o fenômeno contemporâneo da influência digital que afeta também a Igreja, propondo, por outro lado, que a missão cristã seja um esforço de *anti-influência digital* (capítulo 5). Por fim, apresentaremos aquilo que chamo de "método Emaús", um *estilo evangelizador* que o próprio Jesus nos ensinou em sua prática e que continua válido e muito atual para estes tempos de redes digitais (capítulo 6).

Espero, assim, dar minha pequena contribuição ao debate, à luz do sonho do Papa Francisco com uma "opção missionária capaz de transformar tudo", a fim de que a pastoral "em todas as suas instâncias seja mais comunicativa e aberta".[6]

* * *

Os trechos bíblicos citados ao longo deste livro foram extraídos e, quando necessário, adaptados da *Bíblia Pastoral*. Já as notas de rodapé contêm, sempre, as indicações das referências dos textos que fundamentam as minhas reflexões, principalmente do magistério da Igreja. Nessas notas, os principais documentos da

---

6 EG 27.

Igreja consultados estão indicados com siglas, detalhadas na lista que consta no início do livro. Por fim, todos os links apontados nas notas e também nas referências finais estavam acessíveis até junho de 2024.

Boa leitura e boa missão!

2. A missão da Igreja: comunicar a Boa Nova

Para falar de *missão no ambiente digital*, é preciso, primeiro, aprofundarmos a reflexão sobre qual é, afinal, a missão da Igreja e de cada cristão e cristã.

"Vão pelo mundo inteiro e proclamem o Evangelho a toda criatura" (Mc 16,15). Essa foi a missão que Jesus confiou a seus discípulos, logo após a Ressurreição. "E eles partiram e pregaram por toda parte. O Senhor agia com eles e confirmava a Palavra, por meio dos sinais que a acompanhavam" (v. 20).

A evangelização, desde sempre, obedece a esse mandato missionário de Jesus. A missão cristã é a mesma, onde quer que estejamos, quando quer que seja. Em redes digitais ou não. Os métodos e os estilos missionários podem ser diferentes, mas não podem "reinventar" a missão. Inspirados no "dinamismo de saída" que é próprio das Escrituras, a Igreja hoje também é chamada pelo Papa Francisco a uma "nova saída missionária".[1] Trata-se de um duplo movimento: *sair da própria comodidade* e *alcançar todas as periferias* que precisam do Evangelho.

Francisco também lembra, citando a já famosa frase de Bento XVI, que, "ao início do ser cristão, não há uma

---

1 EG 20.

decisão ética ou uma grande ideia, mas o encontro com um acontecimento, com uma Pessoa que dá à vida um novo horizonte e, desta forma, o rumo decisivo". Aí está a *fonte da ação evangelizadora*. O encontro com o amor de Deus, segundo Francisco, nos resgata da nossa consciência isolada e da autorreferencialidade. Afasta de nós aquilo que, desde o início das Escrituras, não é bom aos olhos de Deus: que o ser humano esteja sozinho (cf. Gn 2,18). E, assim, insere-nos em um movimento de *comunicação amorosa* que nasce dessa fonte inesgotável de amor infinito e gratuito que é o próprio Deus.

Hoje, também nos ambientes digitais, é possível notar em muitos cristãos "uma *acentuação do individualismo*, uma *crise de identidade* e um *declínio do fervor*", que muitas vezes chega aos extremos de "uma fé fechada no subjetivismo", de um "elitismo narcisista e autoritário", de uma "atração pelas dinâmicas de autoestima e de realização autorreferencial".[2]

Frente a isso, é importante reafirmar que a missão cristã não é *minha*, individualmente, mas nos foi dada pelo próprio Jesus e, portanto, não começa em nós, não depende só de nós, não acaba em nós e deve ser feita juntos, em sinodalidade, a caminho. Nas próximas páginas, o convite é para nos *deixarmos ensinar* pela Igreja, com base nos principais documentos do magistério eclesial recente, sobre *qual é a missão de uma discípula e de um discípulo de Jesus*.

---

2 EG 78, 94-95.

2.1 Uma missão que nos foi dada

A missão *da Igreja*, no princípio e por princípio, não é dela mesma: a razão e a força motriz da ação missionária da Igreja estão na vontade do próprio Deus, que comunica seu amor, sua misericórdia e sua bondade a cada ser humano.[3]

Essa ação missionária é o paradigma de toda a obra da Igreja. Tendo origem no desígnio de amor de Deus, "a Igreja peregrina é, por sua natureza, missionária", enviada por Deus para anunciar o Evangelho a todas as pessoas e, assim, ser o "sacramento universal de salvação".[4]

Da parte da Igreja, portanto, a comunicação da mensagem do Evangelho não é facultativa. "É um dever que lhe incumbe, por mandato do Senhor Jesus."[5] Como diz o apóstolo Paulo, anunciar o Evangelho "é uma necessidade que me foi imposta. Ai de mim se eu não anunciar o Evangelho!" Mas esse "ai" de Paulo não é o temor de uma "punição" ou de um "castigo" de Deus. Isso seria contrário ao amor divino gratuitamente anunciado e testemunhado por Jesus. Pelo contrário, é o saudável temor de ser *egoísta*. Porque a evangelização é sempre uma comunicação por *transbordamento*: "É apenas um pequeno movimento que se une ao *transbordante fluxo de amor* que já provém do próprio Deus".[6] O amor divino "abrasa de tal forma o coração, que toda e qualquer

---

3 AG 7.

4 AG 1-2.

5 EN 5.

6 Sbardelotto, M. *Comunicar a fé: por quê? Para quê? Com quem?*. Petrópolis: Vozes, 2020, p. 44, grifo meu.

pessoa *se sente levada a retribuí-lo* não obstante as suas limitações e pecados".[7]

Assim, a missão da Igreja se insere no *dinamismo da comunicação amorosa de Deus*, pois, "se alguém acolheu esse amor que lhe devolve o sentido da vida, *como pode conter o desejo de comunicá-lo aos outros?*"[8] A primeira motivação para evangelizar é o amor que recebemos de Deus, "aquela experiência de sermos salvos por Ele que nos impele a amá-lo cada vez mais".[9]

Pelo contrário, questiona o Papa Francisco, "um amor que não sentisse a necessidade de falar da pessoa amada, de apresentá-la, de torná-la conhecida, *que amor seria?*" Cada cristã e cristão, portanto, é missionário na medida em que se encontrou com o amor de Deus em Jesus. Uma pessoa evangelizadora é alguém que acolheu primeiro em si mesma a alegria do Evangelho.

2.2 Uma missão que não começa em nós

Se a missão nos foi dada por Deus, consequentemente, ela também *não começa em nós*. Ela brota do "amor fontal"[10] do próprio Deus, que derrama generosamente sua bondade sobre todas as pessoas e sobre cada uma delas. O centro e a essência da missão evangelizadora são sempre o mesmo: "o Deus que manifestou seu amor imenso em Cristo morto e ressuscitado".[11] Esse "diálogo da salvação" entre Deus e a humanidade foi

---

7 DMPo 2017, grifo meu.

8 EG 8.

9 EG 264.

10 AG 2.

11 EG 11.

aberto espontaneamente por iniciativa divina, de forma desinteressada.[12]

Enviado pelo Pai ao encontro da humanidade, Cristo evangelizador dá origem a uma Igreja evangelizadora. Por sua vez, o Espírito Santo "precede visivelmente a ação apostólica".[13] Na célebre expressão do Papa Francisco, Deus nos *primeireia*, chega antes, surpreende-nos: "Quando se dá um pequeno passo em direção a Jesus, descobre-se que Ele já aguardava de braços abertos a sua chegada". Como fruto do amor do Deus-Comunhão, o Reino de Deus já está presente no mundo.[14] "O missionário *sempre chega depois*, pois antes dele lá estava o Espírito, na história e no coração dos povos."[15]

Além disso, cada discípulo-missionário é fruto de uma verdadeira "nuvem de testemunhas" (Hb 12,1), muitas vezes pessoas simples e próximas de nós, que nos iniciaram na vida da fé. "A alegria evangelizadora refulge sempre sobre o horizonte da *memória agradecida*"[16] pelos cristãos e cristãs que vieram antes de nós.

2.3 Uma missão que não depende só de nós

Por sua vez, a missão *não depende de nós*. Jesus foi enviado ao mundo como "verdadeiro mediador" entre Deus e os seres humanos.[17] A missão da Igreja apenas "*continua e desdobra a missão do próprio Cristo*, envia-

---

12 ES 42.

13 EN 4.

14 Cf. EG 278.

15 Boff, L. *Cristianismo: o mínimo do mínimo*. Petrópolis: Vozes, 2011, p. 61, grifo meu.

16 EG 13, grifo meu.

17 AG 3.

do a evangelizar os pobres".[18] A Igreja mesma não nasce por conta própria, mas da ação evangelizadora de Jesus e de seus primeiros discípulos e discípulas.

Se Jesus é o Evangelho de Deus, ele mesmo é *"o primeiro e o maior dos evangelizadores"*.[19] Por isso, "pode romper também os esquemas enfadonhos em que pretendemos aprisioná-lo e surpreende-nos com sua constante criatividade divina".[20] E faz isso por meio do Espírito Santo, que é o verdadeiro "protagonista de toda a missão eclesial".[21] Não há evangelização nem Igreja sem a ação do Espírito. Ele "é a alma desta mesma Igreja", diz Paulo VI. "É ele que faz com que os fiéis possam entender os ensinamentos de Jesus e o seu mistério. Ele é aquele que, hoje ainda, como nos inícios da Igreja, *age em cada um dos evangelizadores* que se deixa possuir e conduzir por ele, e põe na sua boca as palavras *que ele sozinho não poderia encontrar*, ao mesmo tempo que *predispõe a alma daqueles que escutam* a fim de a tornar aberta e acolhedora para a Boa Nova e para o reino anunciado".[22]

Em tempos de redes digitais, as técnicas, tecnologias e linguagens contemporâneas podem contribuir com a evangelização, mas não substituem a ação discreta do Espírito Santo: "A preparação mais apurada do evangelizador *nada faz sem ele*", afirma Paulo VI.[23] O Espírito, continua o papa, "é o agente principal da evangeliza-

---

18 AG 5, grifo meu.

19 EN 7.

20 EG 11.

21 RM 21.

22 EN 75.

23 EN 75.

ção", pois é ele quem impele a Igreja a anunciar o Evangelho e também é ele quem age nos mais íntimo das consciências, levando as pessoas a acolherem a Palavra comunicada".

Seria um erro considerar a missão cristã como uma "heroica tarefa pessoal", pois ela é, principalmente e acima de tudo, *"obra de Deus* [...] *o primado é sempre de Deus*, que quis chamar-nos para *cooperar* com Ele e impelir-nos com a força do seu Espírito. [...] Em toda a vida da Igreja, deve-se sempre manifestar que a iniciativa pertence a Deus, 'porque Ele nos amou primeiro' (1Jo 4,19)".[24] Temos de tomar consciência de que "é Deus que faz seu Reino chegar a esta terra".[25] E a mensagem do Evangelho é capaz, *por si mesma*, de suscitar a fé, assim como a semente que, uma vez lançada à terra, *cresce por si mesma*, frente ao desconhecimento e à ignorância do agricultor, que não sabe como isso acontece (cf. Mc 4,26-29). Se a salvação é ação divina, Deus "pode realizá-la *em quem ele quer por vias extraordinárias que somente ele conhece*". Paulo VI continua e chega a afirmar que as pessoas "poderão salvar-se *por outras vias, graças à misericórdia de Deus*, se nós não lhes anunciarmos o Evangelho".[26]

A Igreja, portanto, "deve aceitar essa liberdade incontrolável da Palavra, que é *eficaz a seu modo* e sob formas tão variadas que muitas vezes nos escapam, *superando nossas previsões e quebrando nossos esquemas*", assume Francisco.[27] De nossa parte, com humil-

---

24 EG 12, grifo meu.

25 AG 42.

26 EN 80, grifo meu.

27 EG 22, grifo meu.

dade e reverência, é preciso fidelidade à mensagem do Evangelho, "da qual nós somos os *servidores*".[28] Os missionários são apenas e principalmente "*cooperadores de Deus*".[29] Ao mesmo tempo, o verdadeiro discípulo-missionário "sabe que Jesus caminha com ele, fala com ele, respira com ele, trabalha com ele. *Sente Jesus vivo com ele, no meio da tarefa missionária*".[30]

Como um processo comunicativo com uma Pessoa que nos chama e também com uma pessoa à qual somos enviados, esse "diálogo da salvação" passa por "progressos sucessivos, humildes princípios, antes do resultado pleno". Por isso, deve respeitar "as lentidões da maturação psicológica e histórica, e esperará a hora da eficácia *que lhe vem de Deus*".[31] A outra pessoa é totalmente livre para corresponder ou para fechar os ouvidos: o consentimento é sempre livre, como a própria prática de Jesus nos ensina (cf. Mt 11,20).

2.4 Uma missão que não acaba em nós

Não seria nenhuma novidade afirmar, hoje, dada a realidade em que vivemos, que "a missão de Cristo Redentor, confiada à Igreja, está ainda *bem longe do seu pleno cumprimento*".[32] A missão *não acaba em nós*: o mesmo Espírito que nos impulsiona a evangelizar e age nas pessoas com quem nos comunicamos "é o *termo* da evangelização",[33] pois é ele quem gera a nova criação.

---

28 EN 4, grifo meu.

29 AG 15, grifo meu.

30 EG 266, grifo meu.

31 ES 44, grifo meu.

32 RM 1, grifo meu.

33 EN 75.

É por meio dele que o Evangelho adentra o coração do mundo no decorrer da história até sua plena realização no dia da vinda de Cristo, que ninguém, a não ser o Pai, sabe quando será.[34]

A missão da Igreja não só não chegou ao fim, como também *não tem a Igreja como fim em si mesma*: seu próprio crescimento vocacional, político ou financeiro, sua imagem e autoridade públicas etc. O Papa Francisco repete frequentemente que prefere uma Igreja acidentada, ferida e enlameada, por ter saído pelas estradas, a uma Igreja doente, pelo fechamento e pelo apego às suas próprias seguranças. A Igreja não deve estar preocupada em ser o centro, nem deve se fechar em suas próprias estruturas em busca de uma falsa proteção. Evangelizada, enviada e evangelizadora, a Igreja anuncia e comunica "não as suas próprias pessoas ou as suas ideias pessoais – afirma Paulo VI –, mas sim um Evangelho *do qual nem eles nem ela são senhores e proprietários absolutos*, para dele disporem a seu bel-prazer, mas de que são os ministros para o transmitir com a máxima fidelidade".[35]

O Papa Francisco já disse claramente: "Evangelizar é tornar o Reino de Deus presente no mundo".[36] A proposta do Evangelho não consiste só em uma relação pessoal com Deus, mas sim no *reinado de Deus*: "Trata-se de amar a Deus, que reina no mundo. À medida em que Ele conseguir reinar entre nós, a vida social será um espaço de fraternidade, de justiça, de paz, de dignidade para todos".[37] A missão cristã, como comunicação da

---

34 Cf. EN 9.

35 EN 15.

36 EG 176.

37 EG 180.

Boa Nova, tem um alcance inevitavelmente social, pois a vida comunitária e o compromisso com os outros está no próprio coração do Evangelho. Há uma conexão íntima entre a evangelização e a promoção humana. "Cada cristão e cada comunidade são chamados a ser instrumentos de Deus ao serviço da libertação e promoção dos pobres, para que possam integrar-se plenamente na sociedade."[38] Por isso, o missionário é convidado a crer na *potência transformadora do Evangelho*".[39]

Jesus não quis formar um grupo exclusivo ou de elite.[40] Ninguém se salva sozinho nem por suas próprias forças. A própria Igreja evangelizadora "tem sempre necessidade de ser evangelizada, se quiser conservar vigor, alento e força para anunciar o Evangelho".[41]

2.5 Uma missão que não tem recompensa imediata

Acostumados como estamos a uma sociedade em que tudo tem um "custo" e um "retorno" financeiro, em que o "mérito" é valorizado e recompensado, corremos o risco de agir assim também em relação à missão que vem do próprio Deus.

Mas o amor de Deus é *gratuito*: *Gratia gratis data*, a Graça é dada de graça. É um amor desinteressado, dado "de maneira unilateral, isto é, sem pedir nada em troca".[42] E não há ação humana, por melhor que seja, que nos faça "merecer" esse grande dom. Deus se doa a nós

---

38 EG 187.

39 RM 23, grifo meu.

40 Cf. EG 113.

41 EN 15.

42 DMPo 2017.

e nos adota como filhas e filhos de forma *absolutamente gratuita*.[43]

Se a própria Igreja tem seu fundamento na iniciativa livre e gratuita de Deus, ela também "deve ser o lugar da misericórdia gratuita, onde todos possam sentir-se acolhidos, amados, perdoados e animados a viverem segundo a vida boa do Evangelho".[44] Se Deus nos amou com um amor gratuito, a caridade amorosa de um missionário cristão "a todos se estende sem distinção de raça, de condição social ou de religião. Ela não espera vantagem alguma nem gratidão".[45] Por isso, "na generosidade dos missionários se manifesta a generosidade de Deus, na gratuidade dos apóstolos aparece a gratuidade do Evangelho."[46] Em relação ao Evangelho, o apóstolo Paulo afirma: "Se eu o anunciasse de própria iniciativa, teria direito a um salário", porém, "o Senhor ordenou que aqueles que anunciam o Evangelho *vivam do Evangelho*. (...) pregando o Evangelho, *eu o prego gratuitamente*" (1Cor 9,14-18).

Por isso, um discípulo-missionário é um *mediador* entre Deus e as pessoas, e não um "intermediário" burocrático e interesseiro dessa relação. "O intermediário faz seu trabalho e toma o pagamento [...]. Ao contrário, o mediador perde a si mesmo para unir as partes, dá a vida, entrega-se a si mesmo, é este o preço: a própria vida [...] o próprio cansaço, o próprio trabalho".[47]

---

43 EG 179.

44 EG 114.

45 AG 12.

46 DAp 31.

47 Papa Francisco. *Mediadores ou intermediários. Meditação matutina na Santa Missa celebrada na Capela da Casa Santa Marta*, 09 dez. 2016, https://is.gd/DIGEgr

Muitas vezes, porém, agimos como "controladores da graça": mas a Igreja não é uma alfândega: é, antes, uma "casa paterna, onde há lugar para todos."[48] Portanto, não é nem pela expectativa mercantil de receber uma recompensa nem pelo temor aflito de uma suposta punição divina que comunicamos o Evangelho, mas sim porque, simplesmente, *"não podemos nos calar sobre o que vimos e ouvimos"* (At 4,19). No esforço para abrir mão das nossas conveniências, interesses, desejos ou motivações momentâneos, "evangelizamos para a maior glória do Pai que nos ama".[49] Pois tudo provém do dom generoso e gratuito do encontro com Jesus Cristo: "Não temos outro tesouro a não ser este. Não temos outra felicidade nem outra prioridade senão a de sermos instrumentos do Espírito de Deus na Igreja, para que Jesus Cristo seja encontrado, seguido, amado, adorado, anunciado e comunicado a todos".[50] A "recompensa" é desfrutar da alegria do Evangelho que "enche o coração e a vida inteira daqueles que se encontram com Jesus".[51] A alegria é um sinal de que o Evangelho foi anunciado e está frutificando.[52]

2.6 Uma missão que é feita juntos e a caminho

Para além de qualquer mediação social, cultural ou tecnológica, permanece sempre válido que a melhor forma de anunciar o Evangelho é "comunicar a outrem

---

48 EG 47.

49 EG 267.

50 DAp 14.

51 EG 1.

52 Cf. EG 21.

a *sua própria experiência* de fé".[53] Ninguém é "dono" do Evangelho, ninguém "domina" nem "controla" o Espírito. Comunicamos "o que ouvimos, o que vimos com nossos olhos, o que contemplamos e o que nossas mãos apalparam" da Palavra de Vida (cf. 1Jo 1,1). Eu só posso comunicar *minha* experiência de encontro, amizade e seguimento de Jesus, experiência única, singular e constantemente renovada, e que, por sua vez, é fruto da comunicação que outras pessoas fizeram a mim sobre suas próprias experiências, únicas e singulares. Nossa comunicação é sempre limitada: o que conseguimos fazer é apenas *sugerir, sinalizar, convidar* as demais pessoas a fazerem *sua própria* experiência de encontro com ele, pois Deus é sempre mistério de amor, sempre nos supera e nos transcende. Jamais é uma posse exclusiva.

Embora seja fruto de uma experiência pessoal, evangelizar nunca é um ato *individual e isolado*, mas sim uma ação *comunitária e profundamente eclesial.*[54] Jesus mesmo envia seus discípulos em missão "dois a dois" (cf. Lc 10,1). Em tempos de individualização da vida e de uma busca desenfreada de visibilidade pessoal, é preciso reafirmar fortemente que "nenhum evangelizador é o senhor absoluto da sua ação evangelizadora, dotado de um poder discricionário para realizar segundo *critérios e perspectivas individualistas* tal obra, mas em *comunhão com a Igreja e com seus Pastores*".[55]

Se a missão da Igreja é comunicar a Boa Nova, o "método" para realizar essa missão *hoje* foi bem explicitado pelo Papa Francisco: o caminho da sinodalidade.

---

53 EN 46.

54 Cf. EN 60.

55 EN 60, grifo meu.

Hoje, somos enviados à missão juntos, em *comunhão* e com *participação*, como Povo de Deus peregrino e missionário. O próprio Espírito, que guiou o caminho da Igreja ao longo da história, "nos chama a ser, *juntos*, testemunhas do amor de Deus".[56] A sinodalidade nos lembra que, "*em todos os batizados*, desde o primeiro ao último, atua a força santificadora do Espírito que impele a evangelizar".[57]

É esse Espírito que a Igreja pede e que a move à missão hoje, sem medo, nem fechamentos (cf. Jo 20,19). O ardor missionário é alimentado pela confiança no Espírito Santo, que "vem em auxílio da nossa fraqueza" (Rm 8,26). Por isso, precisamos invocá-lo constantemente, como pede o Papa Francisco. "Não há maior liberdade do que a de se deixar conduzir pelo Espírito, renunciando a calcular e controlar tudo e permitindo que Ele nos ilumine, guie, dirija e impulsione para onde Ele quiser."[58]

A missão da Igreja – e também a dos missionários digitais – é auxiliar nesse dinamismo da comunhão e da amorosidade de Deus. E, de preferência, *não o atrapalhar*. No fim da nossa missão, como seria bom se chegássemos à mesma conclusão de Paulo: "Tudo suportamos para *não criar obstáculo* ao Evangelho de Cristo" (1Cor 9,12).

* * *

---

56 Secretaria Geral do Sínodo dos Bispos. *Para uma Igreja sinodal: comunhão, participação e missão. Documento preparatório para a 16ª Assembleia Geral Ordinária do Sínodo dos Bispos*, 7 set. 2021, n. 2.

57 EG 119.

58 EG 280.

Este livro poderia terminar aqui. Afinal, o horizonte da missão permanece o mesmo, *sempre e em todo o lugar*, também hoje nos ambientes digitais.

Entretanto, no esforço contínuo da Igreja de comunicar o Evangelho às diversas culturas, esse horizonte mais amplo da missão cristã precisa encontrar uma *encarnação específica*, em meio às linguagens e às práticas sociais na cultura digital. Por isso, este livro continua nas próximas páginas, tentando aprofundar algumas reflexões e desdobrar algumas questões que o processo sinodal destes anos, a partir de uma ampla escuta à Igreja no mundo inteiro, propõe sobre a missão no ambiente digital.

3. Ambientes digitais: reconhecendo o território

Vivemos ao longo dos últimos anos uma verdadeira "revolução digital". Pouco mais de 10.000 dias que transformaram o mundo, desde que a internet disseminou-se pelo planeta e pelo Brasil (aqui, mais especificamente a partir de maio de 1995, quando a Embratel inaugurou seu serviço de acesso discado à "rede mundial de computadores"). Assim, passamos a viver em uma sociedade da comunicação e da conectividade, em velocidade e abrangência crescentes, em meio a um processo de midiatização digital.[1]

Essa transformação apresentou e ainda apresenta desafios e oportunidades para a vida da Igreja. Surgem novas formas de experimentar o espaço e o tempo sagrados, novas experiências de relação com Deus e a comunidade, novas expressões de ritualidades e de materialidades religiosas, por meio daquilo que chamei de *midiamorfose da fé*.[2]

Para a Igreja, esse processo trouxe à tona a evidência de que a cultura contemporânea também faz emergir

---

1 Sbardelotto, M. *E o Verbo se fez rede: religiosidades em reconstrução no ambiente digital*. Paulinas, 2017.

2 Sbardelotto, M. *E o Verbo se fez bit: a comunicação e a experiência religiosas na internet*. Santuário, 2012.

um novo *lócus religioso e teológico digital*. Daí a conclusão, ao longo da primeira parte do processo sinodal, de que é preciso pensar uma missão específica e a formação de missionários próprios para o ambiente digital.

Mas que "ambiente" é esse?

3.1 Espaços habitados: perspectiva sociocultural

A internet ressignifica a experiência do espaço. Lidamos hoje com uma lógica da *condensação espacial*, em que as distâncias se encurtam, e podemos estar "aqui" fisicamente e, ao mesmo tempo, "lá" digitalmente, interagindo à distância. O centro do mundo é *aqui* – onde quer que seja esse "aqui".

O processo sinodal também convergiu no sentido de que a cultura digital remodela a nossa relação com o próprio ambiente que nos rodeia. O Sínodo aponta que "o dualismo entre real e virtual não descreve adequadamente as realidades e a experiência de todos nós".[3] Aquilo que vem sendo chamado de "ambiente digital", portanto, é um dos ambientes diversos que habitamos, nos quais vivemos e nos relacionamos – *todos inter-relacionados*, sem dicotomias.

Hoje, vivemos uma experiência *onlife*,[4] uma vida em constante conexão, na qual a conectividade digital emerge como uma verdadeira *dimensão existencial*. A metáfora dos manguezais nos ajuda a entender essa experiência. Um manguezal é um ecossistema híbrido, na interface entre os ambientes terrestre e mari-

---

3 RdS 17a.

4 Floridi, L. (org.). *The Onlife Manifesto: Being Human in a Hyperconnected Era. Springer One*, 2015.

nho, onde o rio e o mar se encontram. Esse ambiente, incompreensível quando observado apenas a partir da perspectiva da água doce ou da água salgada, é a imagem da existência sociodigital contemporânea, que mistura e torna mais tênues e mais complexas as fronteiras entre o *on-line* e o *off-line*. Essas não podem mais ser entendidas como experiências completamente opostas e separadas. Redes e ruas estão mais do que nunca conectadas e interligadas. O "véu" dessa separação se rasgou há um bom tempo.

No Brasil, no início de 2024, segundo a pesquisa *Digital 2024*, havia 187,9 milhões de usuários frequentes de internet no país, ou seja, quase 87% da população total. E o tempo médio de uso diário de internet por parte dos brasileiros era nada menos do que 9h13min, praticamente a metade de um dia, o que coloca o país no 2º lugar em relação ao tempo médio de conexão entre os países pesquisados (perdendo apenas para a África do Sul).[5]

A internet e as redes digitais, portanto, não podem ser pensadas como um "espaço" abstrato, genérico, neutro, vazio, muito menos paralelo ou "virtual". Não apenas "estamos" em rede, mas também *somos rede*, dadas as nossas inter-relações de diversos níveis, também do ponto de vista digital. A digitalização não envolve exclusivamente ferramentas que usamos e depois deixamos de lado, mas faz emergir uma verdadeira *ambiência digital*, na qual, parafraseando os Atos dos Apóstolos (17,28), "vivemos, nos movemos e existimos". Podemos até distinguir as experiências físicas e

---

5 https://datareportal.com/reports/digital-2024-brazil

digitais, mas continuam sendo "duas maneiras diferentes de uma única 'presença' humana".[6]

Após várias décadas habitando os espaços digitais, a sociedade foi atribuindo significados e valores às experiências e às relações vividas neles. Inclusive por parte da Igreja, não faz sentido e é até prejudicial para a própria ação evangelizadora conceber os ambientes digitais como um "continente" à parte, "lá fora". Essa concepção de uma Igreja *aqui* e de uma cultura *acolá*, além de ignorar a complexidade da própria cultura digital, que borra as fronteiras existentes, soma-se a uma compreensão de tal cultura como o mero uso de "celulares e tablets",[7] negligenciando linguagens e lógicas que vão muito além das materialidades tecnológicas. Essa concepção renega a própria história da Igreja, que, como veremos, também habitou as redes digitais desde o início. O processo sinodal, ao reconhecer que nosso tempo é marcado pela cultura dos ambientes digitais, assume que "a Igreja *já está presente aí*, sobretudo por meio da ação de muitos cristãos, muitos deles jovens".[8]

Por isso, a noção de *"ambiente"* – ressaltada pelos documentos conclusivos da primeira etapa do processo sinodal – é mais rica também do ponto de vista pastoral: remete a "espaços" e "lugares" *habitados* socialmente, *construídos* culturalmente, *ressignificados* pelas experiências pessoais ou coletivas, subjetivas ou socioculturais. Tais ambientes, por sua vez, condicionam a percepção que temos da realidade e a nossa relação com

---

6 Spadaro, A. *Quando a fé se torna social: o cristianismo no tempo das novas mídias*. Paulus, 2016, p. 10.

7 Cf. RdS 17c.

8 IL, ficha B 1.5, grifo meu.

nós mesmos e com o mundo. Bento XVI já afirmou: "As redes sociais são o *fruto* da interação humana, mas, por sua vez, *dão formas novas* às dinâmicas da comunicação que cria relações".[9] É nesses ambientes, portanto, que emerge uma *"cultura amplamente digitalizada"*,[10] que não depende apenas da existência de máquinas e aparatos, mas principalmente do agir humano e das interações sociais. A cultura digital é um *estilo de vida* contemporâneo que precisa ser levado em conta pela Igreja, pois o próprio "dom de Deus encarna-se na cultura de quem o recebe".[11]

O ambiente digital, em suma, não é apenas (muito) real, mas é também uma *realidade cultural e social*. É uma expressão (cada vez mais) *encarnada* de humanidade. É um verdadeiro *lócus teológico*, pois é um ambiente de vida, de encontro e de relação inclusive com Deus.[12]

3.2 Latifúndios oligopolizados: perspectiva político-econômica

Nos documentos do processo sinodal, afirma-se que "o espaço digital se estende *por uma distância imensurável*".[13] Tal espaço é entendido ainda como "um ambiente que *não leva em conta a dimensão territorial*".[14]

---

9 DMCS 2013.

10 ChV 86.

11 EG 115.

12 Guimarães, E.; Sbardelotto, M. Igreja doméstica e em saída digital: horizontes novos para a vivência da fé cristã. *Cadernos Teologia Pública*, ano XVII, n. 149, vol. 17, pp. 12-22, 2020.

13 A Igreja te escuta. *Síntese da etapa de escuta*, 2022, p. 4, grifo meu.

14 IL, ficha B 1.5, grifo meu.

Como se percebe, há alguns paradoxos na reflexão eclesial. Embora marcada por redes e fluxos de informação, a internet "não é desprovida de lugar [e] não cancela a geografia".[15] Por isso, também do ponto de vista de missão, é importante levar em conta as geografias *técnica* e *político-econômica* próprias do ambiente digital.

Não é de hoje que "os EUA desempenham um papel central da conexão entre países", sendo a *coluna dorsal* da infraestrutura digital.[16] Até mesmo a conexão entre duas pessoas ou cidades brasileiras passa, primeiro, por um "nó" no país do Norte. As plataformas digitais também estão extremamente concentradas naquelas fronteiras. E atuam como agentes não apenas comunicacionais e socioculturais, mas também e principalmente *políticos e econômicos* cruciais hoje. Empresas estadunidenses como Google, Amazon, Meta, Apple e Microsoft (conhecidas pela sigla GAMAM) têm dominado o mercado digital nas últimas décadas. São elas que, em geral, ditam as regras, as normas e os valores inscritos nos algoritmos que, por sua vez, definem quem e o que será visibilizado ou relegado ao esquecimento digital.

Fazendo uma breve linha do tempo das últimas décadas, podemos ver o surgimento de vários ambientes digitais que vêm transformando nossa vida pessoal e também a comunicação social. E tudo isso em um período *muito concentrado* de tempo (pouco mais de 10.000 dias...), especialmente em comparação com os mais de dois milênios de história da Igreja:

---

15 Castells, M. *A galáxia da internet: reflexões sobre a internet, os negócios e a sociedade.* Zahar, 2003, p. 170.

16 Castells, 2003, p. 170.

1998 – Google
2003 – Skype | LinkedIn
2004 – Orkut | Facebook
2005 – YouTube
2006 – Twitter | Spotify
2009 – WhatsApp
2010 – Instagram
2016 – Tik Tok
2023 – ChatGPT

São apenas alguns exemplos – dentre vários outros – de um processo de *plataformização* da internet.[17] E essas plataformas, muitas vezes, são de propriedade de uma única empresa. A Meta, por exemplo, controla o Facebook (que bateu o recorde histórico de 3 bilhões de usuários mensais em 2023), o Instagram (plataforma de fotos e vídeos), o WhatsApp (aplicativo de mensagens) e o Threads (rede social digital de micromensagens), que fazem parte de um mesmo ecossistema digital e compartilham informações entre si. O Google, por sua vez, concentra 84% das buscas globais na internet. Ele sozinho é dono do Gmail (serviço de e-mail), do YouTube (plataforma de vídeos), do Android (sistema operacional), do Google Meet (plataforma de videoconferência), do Google Drive (armazenamento de dados), do Google Maps e do Waze (serviços de navegação por GPS), do Chrome (navegador de internet), entre outros.

---

17 Van Dijck, J.; Poell, T.; De Waal, M. *The Platform Society: Public Values in a Connective World. Oxford University Press*, 2018; Valente, J. C. L. *Das plataformas online aos monopólios digitais: tecnologia, informação e poder.* Dialética, 2021.

Isso caracteriza o surgimento de verdadeiros *oligopólios digitais*, em que poucas empresas controlam uma enorme fatia do mercado, influenciando preços, produtos e serviços, e também as relações humanas e sociais, cada vez mais estabelecidas em tais plataformas, com riscos para a democracia e a privacidade individual. Em 2023, o ranking das empresas mais valiosas do mundo era liderado pela Microsoft, com um valor de mercado estimado em impressionantes 3,02 trilhões de dólares. A Alphabet, dona do Google e do YouTube, estava avaliada em 2,15 trilhões de dólares. Já a Meta alcançou o valor de mercado de 1,22 trilhão de dólares.[18] Esses montantes correspondem ou até superam o Produto Interno Bruto de muitos países: o do Brasil, por exemplo, estava avaliado em 2,13 trilhões de dólares em 2023.[19]

Embora os documentos eclesiais continuem falando de um "continente digital", de novos "areópagos" e "praças" de sociabilidade, é preciso reconhecer, portanto, que, em grande parte, esses espaços *não são públicos*. As plataformas digitais se apresentam como não vinculadas a nenhum setor social, cultural, partidário ou religioso, mas fazem isso apenas para atrair todos os públicos e poder alcançá-los com publicidade e marketing. O que temos nessas plataformas, de modo mais específico, são *espaços público-privados, "shopping centers digitais"*, nos quais até podemos entrar e circular livremente, mas que são controlados por empresas privadas e altamente mercantilizados, nos quais tudo o que fazemos (ou deixamos de fazer) visa ao lucro dessas mesmas empresas, por meio da coleta de dados e da publicidade personalizada.

---

18 Cf. *Olhar Digital*, 28 abr. 2024, https://is.gd/979cfl

19 Cf. *Forbes Brasil*, 4 fev. 2024, https://is.gd/2mSSnu

Trata-se de um verdadeiro "colonialismo de dados", já que grande parte dos dados da população do mundo inteiro coletados digitalmente vai parar em um único país.[20]

Com isso, a internet vem sofrendo as consequências de forças centrípetas por parte dessas empresas do setor digital, que buscam concentrar a produção, a circulação e o consumo de dados dentro de seus "muros fechados". Alguns autores afirmam que o ambiente digital se encontra hoje tão degradado quanto a natureza e não se configura mais como um ecossistema aberto, descentralizado e diversificado como em suas origens. Há um processo de *monopolização* da cultura humana em formato digital e de *privatização* da internet, concentrada em "latifúndios digitais",[21] controlados por poucas grandes empresas. Diante disso, fala-se até da necessidade de uma "imprescindível refundação da internet".[22]

3.2.1 *Economia da atenção: o produto somos nós*

Como afirma o Papa Francisco, "não se deve esquecer que há interesses econômicos gigantescos que operam no mundo digital, capazes de realizar formas de controle que são tão sutis quanto invasivas, criando mecanismos de manipulação das consciências e do pro-

---

20 Cassino, J. F.; Souza J.; Silveira, S. A. (orgs.). *Colonialismo de dados: como opera a trincheira algorítmica na guerra neoliberal*. Autonomia Literária, 2022.

21 Cf. Trivinho, E.; Silveira, S. A. Plataformas digitais, responsabilidade social e danos comunitários. *Le Monde Diplomatique Brasil*, 21 mai. 2021, https://is.gd/IvDCpu

22 Cf. Görgen, J. A imprescindível refundação da internet. IHU, 26 abr. 2024, https://www.ihu.unisinos.br/638886

cesso democrático".[23] Esse processo, por sua vez, está diretamente ligado à chamada *economia da atenção*. O poder econômico das plataformas digitais é, em boa parte, fruto da captação de grandes quantidades de dados e informações das pessoas, relacionados a seus gostos e interesses. Essas plataformas funcionam na medida em que prestamos atenção nelas, pois assim podem capturar massivamente os nossos dados e privatizá-los, lucrando sobre eles. Por ser um recurso biológica e psicologicamente limitado, a atenção humana é altamente disputada nos ambientes digitais, gerando uma grande concorrência entre as empresas.

A fim de "fisgarem" e reterem a atenção dos usuários por mais tempo, as plataformas digitais desenvolvem estratégias tecnológicas e algorítmicas sofisticadas, como interfaces com cores e elementos visuais lúdicos e chamativos, a rolagem infinita em certas páginas, as notificações constantes nos celulares, a recomendação personalizada de conteúdos etc. O foco é maximizar o "engajamento" das pessoas, por meio de um tempo de tela prolongado e mais frequente, a fim de extrair o máximo possível de dados sobre elas, como seus cliques, "curtidas", comentários, interações, tempo de visualização etc., a fim de prever e sugerir conteúdos. Os dados coletados servem para que empresas e marcas possam direcionar anúncios e conteúdos específicos nas plataformas para diferentes grupos de pessoas, com base em seus perfis digitais. Esse mercado da publicidade on-line hoje gira em torno dos 600 bilhões de dólares por ano. Desse total,

---

23 ChV 89.

só o Google abocanha mais de um terço (220 bilhões de dólares).[24]

Ao longo desse processo, as pessoas são transformadas em *usuárias*; de usuárias, em *consumidoras*; e de consumidoras, em verdadeiros *produtos*. "'Se você não paga pelo produto, o produto é você'. Em poucas palavras, ele não é gratuito: pagamos com minutos da nossa atenção e bytes dos nossos dados",[25] e quase sem nos darmos conta, pelo mero fato de estarmos na frente de uma tela e conectados a uma plataforma digital. Além de produtos, também somos praticamente *funcionários não pagos* dessas empresas. Afinal, as plataformas digitais furtam nosso tempo útil, fazendo-nos *trabalhar para elas* na produção de conteúdos ou no "consumo produtivo" de cada vez mais informação. Tornamo-nos, assim, "peças de um mecanismo, partes de uma engrenagem gigantesca",[26] gerida em centros situados principalmente no Vale do Silício, nos Estados Unidos.

Mais do que plataformas de *relacionamento*, as redes sociais digitais vêm se revelando cada vez mais como plataformas de *entretenimento*, pois os conteúdos que chegam até nós não provêm necessariamente de nossos amigos, mas sim de contas desconhecidas (inclusive de marcas e grupos políticos), que pagam para que o algoritmo "impulsione" esse conteúdo ao máximo. O foco não é a relação interpessoal nem mesmo a informação de qualidade, mas sim a *viralização* e a *espetacularização* de conteúdos que mantenham as pessoas atentas e engajadas, mesmo que se-

---

24 Cf. IHU, 4 mai. 2024, https://ihu.unisinos.br/639053

25 RPP, 2023.

26 EG 62.

jam conteúdos falsos ou nocivos, o que contribui para a proliferação de discursos de ódio. Além de opacos e pouco transparentes, os algoritmos das plataformas também não são neutros. Com isso, afirma Francisco, "em vez de aumentar o pluralismo da informação, corre-se o risco de se perder num pântano anônimo, favorecendo os interesses do mercado ou do poder",[27] sem falar nos efeitos prejudiciais sobre a saúde mental das pessoas.

Frente a toda essa realidade, o desafio da Igreja é *duplo*. Primeiro, é preciso tomar consciência da realidade *real* dos ambientes digitais, sem "tapar o sol com a peneira", muito menos olhando para tais processos com "lentes cor-de-rosa". Rumo a uma Igreja sinodal, é preciso, primeiro, *compreender* a cultura digital, com suas luzes e sombras, a fim de evangelizá-la.[28] Os missionários digitais devem atentar para essas lógicas e dinâmicas da economia de dados, quando a monetização da atenção pode acabar levando a uma mercantilização da fé, na qual o valor espiritual é medido em termos de engajamento ou de pagamento por serviços, comprometendo a práxis cristã inspirada no dom gratuito do amor de Deus. A partir desse entendimento, é possível, então, ativar, com criatividade pastoral, outras lógicas de ação, outros ambientes, práticas e presenças de ação evangelizadora *dentro e também fora das plataformas*.

Embora as empresas de tecnologia tenham um papel significativo na modelagem da cultura digital, nenhuma cultura se restringe nem é determinada apenas por um de seus integrantes. Portanto, em segundo lugar, a Igre-

---

27 DMCS 2024.

28 Cf. RdS 17d.

ja, como instituição social e como comunidade de fiéis, tem muito a contribuir na construção de ambientes digitais *mais relacionais e humanizados*. Como instituição social, por meio de sua hierarquia e também de seus coletivos organizados, a Igreja pode contribuir com o estabelecimento de sistemas de gestão e de tomada de decisão em relação à internet que sejam pautados por princípios éticos, assim como na defesa de uma regulação e de uma fiscalização democráticas mais rigorosas, tanto do ponto de vista do Estado brasileiro quanto dos representantes da sociedade civil, sobre a atuação das empresas do setor.[29] Como comunidade de fé, por sua vez, a Igreja pode contribuir muito em seus ambientes e em suas práticas pedagógicas (escolas, universidades, iniciação à vida cristã, seminários, casas de formação etc.) com a *educação midiática* da sociedade, incentivando a conscientização e o aprimoramento de relações e processos ligados aos ambientes digitais.

---

29 Cf. Silveira, S. A. Como o Brasil vai encarar o poder das Big Techs? *Outras Palavras*, 22 mar. 2023, https://is.gd/X3qgBq

4. A missão da Igreja em tempos de "Reforma digital"

Ao longo do processo sinodal, chegou-se à convergência, entre os membros sinodais, de que a cultura digital é uma mudança fundamental não apenas do ponto de vista das relações humanas e sociais, mas também com o próprio Deus.[1]

Em um paralelo histórico com a Reforma Protestante, no século XVI, a teóloga estadunidense Elizabeth Drescher afirma que as Igrejas experimentam hoje uma *"Reforma digital"*. Logo após a Idade Média, diversas reformas religiosas ocorreram por toda a Europa, tendo como base a insatisfação com as atitudes da Igreja Católica e seu distanciamento em relação aos princípios do Evangelho. Um desses movimentos de Reforma teve início na cidade de Wittenberg, na Alemanha, com o monge católico Martinho Lutero, que protestou contra vários pontos da doutrina católica. Graças também à nascente imprensa, suas teses se espalharam rapidamente por toda a Alemanha, desencadeando uma controvérsia teológica que foi muito além até do que o próprio Lutero pensava e pretendia.[2]

---

1 Cf. RdS 17a.

2 Cf. Puntel, J. T.; Sbardelotto, M. Da Reforma histórica à "Reforma Digital": desafios teológicos contemporâneos. *Estudos Teológicos*, v. 57, p. 350-364, 2017.

54 Missionários no ambiente digital: em nome de quem?

Passados alguns séculos, a Igreja se encontra atualmente em meio aos desdobramentos de uma "Reforma digital". Trata-se de uma *revolução sociocultural*, a partir das transformações digitais, que está provocando uma *revolução religiosa*. Ela ocorre especialmente a partir da ubiquidade dos processos digitais (não tendo mais um único "centro difusor" como Wittenberg, mas sim redes espalhadas pelo globo) e da autonomia dos sujeitos (em que cada pessoa, potencialmente, pode promover uma "minirreforma" de alcance mundial, por meio de suas ações comunicacionais em rede). Ou seja, ao contrário da Reforma histórica, trata-se de uma reforma que ocorre *de fora para dentro* da Igreja, a partir de uma sociedade e de uma cultura em um processo acelerado e abrangente de midiatização digital.

Mais especificamente, a Reforma digital é movida "pelas *práticas espirituais digitalmente intensificadas de fiéis comuns com acesso global entre si e a todas as formas de conhecimento religioso previamente disponíveis apenas ao clero, aos estudiosos e a outros especialistas religiosos*. Isso coloca praticamente tudo em jogo – nossas tradições, nossas histórias, nossa compreensão do sagrado", afirma Drescher.[3] Ocorre assim, continua a autora, uma "explosão global de criatividade religiosa", na qual os ambientes digitais não só oferecem os meios para que as pessoas ponham em prática essa criatividade publicamente, como também para que se interconectem de modo abrangente e instantâneo.

Isso é um desafio à missão da Igreja, visto que "*qualquer um* dos indivíduos que participam em uma conver-

---

3 Drescher, E. *Tweet If You Heart Jesus: Practicing Church in the Digital Reformation*. Morehouse Publishing, 2011, pp. 2 e 7, tradução minha.

sação [digital] podem emergir como um 'líder de pensamento'",[4] como os influenciadores digitais católicos, antes talvez desconhecidos, mas que se convertem em verdadeiras autoridades religiosas midiáticas, pondo em xeque noções tradicionais como autoridade e hierarquia.[5] Dada essa facilidade de acesso e de participação nos processos midiáticos de comunicação da fé, a "remodelagem ou [...] a revitalização da Igreja será [e já está sendo] largamente definida em relação com o ambiente digital".[6]

4.1 "Contrarreforma digital": algumas respostas católicas

A Igreja Católica tem buscado maneiras de adaptar sua missão a esse novo contexto, reconfigurando suas práticas e até mesmo suas estruturas. A Igreja captou esse "sinal dos tempos" da "Reforma digital" e tentou corresponder pastoralmente a esse desafio.

Isso ocorreu, principalmente, a partir dos próprios papas, cujos pontificados ocorreram ao longo do avanço da digitalização, a saber, João Paulo II (1978-2005), que guiou a Igreja durante o nascimento da internet em nível mundial, inaugurando a presença oficial da Santa Sé na rede em 1995; Bento XVI (2005-2013), que acompanhou o surgimento das redes sociais digitais e até entrou no Twitter com uma conta pessoal, poucos meses antes de sua renúncia; e Francisco (2013-), que reformou a es-

---

4 Drescher, 2011, p. 15, tradução minha.

5 Cf. Medeiros, F. F.; Silva, A. A. da; Souza, A. R. de; Sbardelotto, M.; Gomes, V. B. *Influenciadores digitais católicos: efeitos e perspectivas*. Ideias & Letras; Paulus Editora, 2024.

6 Drescher, 2011, p. 1, tradução minha.

trutura comunicacional da Santa Sé e criou o Dicastério para a Comunicação, um dos 16 "ministérios" vaticanos que compõem atualmente o mais alto nível de governo da Santa Sé abaixo do papa.

Pode-se perceber, assim, uma espécie de "Contrarreforma digital" por parte da Igreja ao longo dos últimos anos, não no sentido de tentar contrariar ou combater o fenômeno da "Reforma digital", mas sim no de buscar corresponder a ele pastoralmente. Em seu nível institucional vaticano, isso foi se concretizando em diversas outras iniciativas que se tornaram marcos históricos desse processo:

Dezembro de 1995	Lançamento do site oficial da Santa Sé, www.vatican.va.
Fevereiro de 2002	Publicação do documento Igreja e internet,* pelo ex--Pontifício Conselho para as Comunicações Sociais, que aborda as implicações da internet para a Igreja.
Janeiro de 2009	Lançamento do canal oficial do Vaticano no YouTube.**
Junho de 2011	Envio do primeiro "tuíte papal" da história por Bento XVI pela conta do portal News.va, lançado concomitantemente para congregar as principais notícias produzidas pelos meios de comunicação vaticanos
Agosto de 2012	O Programa Brasileiro da Rádio Vaticano abre sua página do Facebook, primeira conta de um departamento da Santa Sé nessa plataforma.
Dezembro de 2012	Lançamento da conta oficial do Papa Bento XVI no Twitter, em diversos idiomas, com o nome de usuário @Pontifex.
Janeiro de 2013	Lançamento do The Pope App, primeiro aplicativo oficial de um pontífice católico, com conteúdos referentes ao pontífice e ao Vaticano.

* https://is.gd/igreja_internet
** https://www.youtube.com/user/vatican

Março de 2013	Recém-eleito, Papa Francisco mantém a conta @Pontifex e envia seu primeiro tuíte.
Março de 2013	Lançamento da primeira conta oficial da Santa Sé no Instagram, @newsva, hoje desativada.
Junho de 2015	Instituição da nova Secretaria para a Comunicação da Santa Sé, passando a coordenar todas as atividades de comunicação vaticana.
Janeiro de 2016	Lançamento do projeto Vídeo do Papa, no YouTube, no qual o Papa Francisco grava em primeira pessoa sua intenção mensal de oração.
Junho de 2016	Criação da conta oficial do Papa Francisco no Instagram, com o nome de usuário @Franciscus.
Julho de 2016	Lançamento do aplicativo DoCat, que apresenta a doutrina social da Igreja em linguagem juvenil, traduzido inicialmente para mais de 30 idiomas.
Dezembro de 2017	Lançamento do Vatican News, portal de notícias oficial multilíngue e multimídia da Santa Sé, com foco na convergência digital.
Junho de 2018	Criação do Dicastério para a Comunicação, sob a presidência do jornalista Paolo Ruffini, abaixo apenas do papa. É o primeiro leigo a assumir um cargo desse nível na Santa Sé.
Janeiro de 2019	Lançamento do aplicativo Click to Pray, uma rede de oração on-line pelas intenções do papa.
Julho de 2022	Lançamento do projeto "A Igreja te escuta", oficialmente chamado de "Sínodo digital", que buscou escutar a sociedade na internet em preparação ao Sínodo sobre a Sinodalidade.
Maio de 2023	Publicação do documento Rumo à presença plena: uma reflexão pastoral sobre a participação nas redes sociais,[*] pelo Dicastério para a Comunicação.
Agosto de 2023	Realização do primeiro Festival de Influenciadores Católicos,[**] durante a Jornada Mundial da Juventude em Lisboa, Portugal, com o apoio do Dicastério para a Comunicação.

[*] https://is.gd/presenca_plena
[**] Cf. www.influencerswyd.org

Esses marcos, mesmo não sendo uma cronologia completa de toda a aproximação da Igreja dos ambientes digitais, são um indicativo das estratégias por meio das quais a Santa Sé buscou corresponder à "Reforma digital", atualizando e adaptando seus processos comunicacionais internos e externos para os ambientes digitais.

Como reconhece o processo sinodal, "também no ambiente digital, que a Igreja está descobrindo como uma oportunidade de evangelização, a construção de redes de relações permite aos seus frequentadores, especialmente aos jovens, experimentar novas formas de caminhar juntos".[7] É nesse contexto que se situa o "Sínodo digital".

4.2 Um "Sínodo digital"

Como parte da fase diocesana do Sínodo sobre a Sinodalidade ao longo de 2022, um grupo ligado à Rede Informática da Igreja na América Latina (RIIAL) lançou a iniciativa *"A Igreja te escuta"*.[8] Esse projeto-piloto visava a promover um amplo processo de escuta sobre a Igreja nas principais plataformas digitais (Instagram, TikTok, YouTube, Facebook, Twitter, WhatsApp, e-mail), buscando alcançar o máximo possível de pessoas.

Durante mais de dois meses, em 2022, a iniciativa obteve o apoio de mais de 100 instituições e redes eclesiais que atuam nos ambientes digitais, assim como a adesão de 244 influenciadores digitais, principalmente os chamados "influenciadores com perspectiva do Vaticano II" (nomenclatura que não é mais bem detalhada pelo projeto). Para chegar até eles, recorreu-se àquilo

---

7 IL, ficha B 2.1.

8 www.sinododigital.com/br

que o relatório final do projeto chama de "modalidade apostólica", em que cada influenciador indicava outro a ser contatado. Esses "missionários digitais" são definidos como "testemunhas que anunciam, escutam (Igreja em saída) e acompanham (Igreja Samaritana) com originalidade e criatividade com a linguagem e a técnica próprias deste âmbito".[9]

É importante lembrar que, em preparação para o Sínodo sobre a Juventude, também foi disponibilizado, em 2017, um questionário on-line criado pela própria Secretaria do Sínodo, em diversos idiomas, a ser respondido pelos jovens do mundo inteiro. No caso do "Sínodo digital", a metodologia envolveu não apenas a disponibilização de questionários online, mas também perguntas lançadas pelos influenciadores a seus seguidores, que recebiam vários comentários como resposta. A partir desses contatos, o projeto alcançou 115 países, somando mais de 110.000 questionários respondidos e recebendo 150.000 propostas para o Sínodo.

Logo na introdução do relatório final da fase diocesana do projeto, ao apresentar a origem e o processo do "Sínodo digital", afirma-se: "A originalidade da proposta de realizar o Sínodo nos 'ambientes digitais' *não está no uso de instrumentos digitais*, mas na valorização dos espaços digitais como *'locus' habitados por pessoas* de forma natural e adequada, olhando para sua realidade a partir da sua própria cultura".[10] Ainda segundo o relatório, "a *tecnologia* digital foi originalmente entendida e utilizada como um *instrumento* de promoção e comunicação. Seu desenvolvimento e implantação social geraram um novo

---

9   A Igreja te escuta. *Síntese da etapa de escuta*, 2022, p. 4.

10 A Igreja, 2022, p. 4, grifo meu.

espaço humano. A perspectiva de conceber esta nova *cultura* a partir da noção do *Continente* Digital consiste em incorporar o conceito de ser um *'lugar' (locus)* que deve ser habitado, e com a visão dos nativos digitais. Não basta utilizar a rede, ela deve ser compreendida, deve ser habitada, com sua linguagem e sua dinâmica".[11] De acordo com a leitura eclesial, trata-se de um processo articulado entre tecnologias, geografias e culturas, embora a ênfase seja principalmente instrumental, linear e causal: o surgimento de *tecnologias/instrumentos* digitais gerou um novo *espaço/continente* humano que, por sua vez, gerou uma nova *cultura*. Por outro lado, a dupla ênfase na ideia de que a Igreja "deve habitar" tal lócus explicita certa percepção implícita de que a Igreja ainda não o habita plenamente, limitando-se apenas a "utilizar" seus recursos, o que, segundo o relatório, "não basta".

Perante as novas territorialidades e os fluxos de comunicação emergentes, afirma-se logo na sequência que "o digital incentivou a autoexpressão e *aproximou* os que estavam *'distantes'*, que se sentiram protegidos pelo anonimato, sem constrangimentos, mais livres para falar; e ao mesmo tempo encorajou os que estavam *'próximos'* a ousarem". Há, assim, o reconhecimento de que, talvez ao contrário dos demais espaços geográficos e ambientes sociais em que a Igreja se encontre, o digital permitiu novas relações de proximidade com as pessoas. Por isso, continua o relatório, "o digital, *como cultura*, como ponto de encontro, como meio de diálogo, como forma de educar e informar, tem se mostrado valioso durante este processo de escuta e consulta".

---

11 A Igreja, 2022, p. 11, grifo meu.

"Para responder a esta necessidade – prossegue o texto –, a proposta é que a Igreja tenha uma PASTORAL DIGITAL [*sic*] orgânica, sistemática e institucional". Segundo o relatório, tal pastoral deve ser promovida "de forma reconhecida e institucional para animar e coordenar a vida já existente de múltiplas ações evangelizadoras no 'espaço digital'", inclusive mediante "um marco jurídico do Direito Canônico".[12] Para isso, o relatório propõe algumas ações concretas que podem ser implementadas. Entre elas, sugere-se a promoção do vínculo entre os evangelizadores digitais, assim como, curiosamente, da comunhão com o papa e com as igrejas locais (o que, na verdade, deveria ser um pressuposto para qualquer missionário católico). Pede-se ainda que eles sejam reconhecidos, acompanhados, formados e apoiados, a fim de desenvolverem "uma missão ampla, plural e capilar" nos ambientes digitais.

Após a recepção das contribuições do mundo inteiro durante a fase diocesana, a Secretaria Geral do Sínodo elaborou um documento de trabalho para a etapa continental. Ele destaca a relevância desse "Sínodo digital", como foi, então, chamado oficialmente, por ter contribuído para que a participação em nível global fosse "superior a todas as expectativas". O documento afirma que "a iniciativa do 'Sínodo digital' constitui um significativo esforço para pôr-se à escuta dos jovens e oferece novos pontos para o anúncio do Evangelho".[13]

Já a fase continental envolveu a realização de sete assembleias nos vários continentes. O "Sínodo digital" também continuou nessa etapa continental, contando

---

12 A Igreja, 2022, p. 16.

13 Secretaria Geral do Sínodo dos Bispos. *Alarga o espaço da tua tenda (Is 54,2): documento de trabalho para a Etapa Continental*, 2022, n. 35.

com a participação dos influenciadores/missionários digitais que haviam participado da primeira etapa e ainda de outros, somando agora mais de 850 pessoas. A Secretaria Geral do Sínodo propôs que alguns delegados do "Sínodo digital" fossem enviados às assembleias sinodais continentais, e 14 deles participaram dos debates presenciais. O processo terminou com uma "assembleia digital", na qual os participantes compartilharam suas experiências e seus resultados.

O relatório da fase continental do "Sínodo digital" reconhece que o projeto "permitiu-nos ver que o 'lugar digital' existe, que deve ser explorado e acompanhado".[14] Nesse contexto, os "missionários digitais" são considerados "'pioneiros' de uma Igreja em reforma perene", pois "o espaço digital nos aproxima de quem pensa diferente, do diferente [...] e transcende as 'fronteiras'".[15] Afirma-se, nesse sentido, que os jovens são o público majoritário nas redes digitais e que as pessoas com deficiência encontram nos ambientes digitais "um espaço de socialização e diálogo mais amigável do que no ambiente presencial". Ressalta-se ainda que as redes digitais são "espaços onde os excluídos – pelo menos por razões de orientação sexual, diferenças com a Igreja ou status de casal – se sentem mais bem-vindos".[16] O relatório diz ainda que "o mundo digital [...] permite relações de maior igualdade e ajuda a encurtar as distâncias geracionais. A capacidade missionária que se encontra nas redes ajuda a chegar aonde normalmente não era possível, favorecendo assim

---

14 A Igreja te escuta. *Síntese da etapa continental. Sínodo digital*, 30 mar. 2023, p. 2.

15 A Igreja, 2023, p. 3.

16 A Igreja, 2023, p. 18.

a proximidade da Igreja com as pessoas e com as novas realidades que estão a ser vividas".[17]

Contudo, o "Sínodo digital" ressalta que "há uma divergência na percepção da atitude da Igreja: nas redes sociais parece acolhedora, mas no face a face não é percebido da mesma forma",[18] particularmente devido à discriminação existente nas estruturas eclesiais. Por isso, reconhecendo a necessidade de superação da mera concepção de "instrumentalidade", o relatório continua e reafirma que é preciso uma "pastoral digital", que se torna "tanto mais necessária quanto a realidade da missão/evangelização nas redes é muitas vezes realizada sem o devido acompanhamento, formação e orientação, com o risco de erros e distorções". Esse "ministério pastoral digital", como é chamado, pode permitir que a Igreja deixe de "falar numa linguagem monocultural para uma escuta dialógica com a múltipla expressão intercultural da diversidade". Em suma, "é necessário ter uma presença mais ativa da Igreja no espaço digital, acompanhando mais de perto os evangelizadores digitais. Este é um grande apelo à Igreja".[19]

Com base no material produzido pelas assembleias continentais e também pelo "Sínodo digital", a Secretaria Geral redigiu, então, o instrumento de trabalho (*Instrumentum laboris*), que serviu de auxílio prático para a realização da primeira sessão da Assembleia Geral do Sínodo, em outubro de 2023, no Vaticano. A proposta do novo texto não era nem anular nem esgotar as questões levantadas pelos textos anteriores. Pelo contrário,

---

17 A Igreja, 2023, p. 19.

18 A Igreja, 2023, p. 17.

19 A Igreja, 2023, p. 20.

pede-se aos membros do Sínodo que, ao se prepararem para a primeira assembleia, "tenham em mente os documentos anteriores [...] *como o relatório do Sínodo digital*, e que os utilizem como ferramentas para seu próprio discernimento".[20] Percebe-se, com isso, a relevância que o processo de escuta nas redes digitais assumiu na preparação do Sínodo sobre a Sinodalidade, algo inédito na história recente da Igreja. O documento menciona ainda "as experiências promissoras já em andamento, *também no ambiente digital*" do ponto de vista do esforço para "renovar a linguagem usada pela Igreja".[21]

Chegou o momento, portanto, de refletirmos mais a fundo sobre a missão nos ambientes digitais, também à luz dos documentos que sintetizam as considerações da Igreja do mundo inteiro sobre a sinodalidade.

---

20 IL 9, grifo meu.
21 IL 69, grifo meu.

5. A missão nos ambientes digitais

Nas reflexões e nos debates da Igreja sobre a sinodalidade ao longo dos últimos anos, a missão nos ambientes digitais foi ganhando uma importância significativa. A Igreja no mundo inteiro está descobrindo o ambiente digital "como uma oportunidade de evangelização [na qual] a construção de redes de relações permite aos seus frequentadores, especialmente aos jovens, experimentar novas formas de caminhar juntos".[1]

Entretanto, percebe-se que "falta ainda uma consciência plena das potencialidades que esse ambiente oferece à evangelização e uma reflexão sobre os desafios que coloca, sobretudo em termos antropológicos".[2] Frente ao fato de que o ambiente digital molda a vida da sociedade hoje, também são levantadas algumas perguntas: "Como é que a Igreja pode realizar sua missão mais eficazmente neste ambiente?" E até "como *reconfigurar* o anúncio, o acompanhamento e o cuidado neste ambiente?"[3]

Na perspectiva de uma Igreja sinodal, como desejada pelo Papa Francisco, não é possível pensar a missão

---

1 IL, ficha B 2.1.

2 IL, ficha B 1.5.

3 IL, ficha B 2.1.

sem levar em conta a cultura digital. Nos vários relatórios e documentos produzidos ao longo do processo sinodal, emerge claramente a necessidade reconhecida pela comunidade eclesial de repensar sua própria missão em tempos de "Reforma digital".

5.1 A cultura digital como "dimensão crucial" da missão

No *Relatório de Síntese* da primeira sessão da Assembleia Geral do Sínodo, que reuniu mais de 400 delegadas e delegados do mundo inteiro, em outubro de 2023, no Vaticano, são destacadas questões relevantes para a vida e a missão da Igreja em uma perspectiva sinodal, sobre as quais a assembleia chegou a um consenso quase sempre acima dos 90%.[4] Apresentam-se os frutos da reflexão "sobre os *sinais caraterísticos* de uma Igreja sinodal",[5] articulados em 20 núcleos, cada um deles abordado em um capítulo específico. Entre estes, destaca-se o capítulo 17, dedicado inteiramente aos *"Missionários no ambiente digital"*.

O capítulo se encontra na terceira seção do relatório, voltada ao desafio de *"Tecer laços, construir comunidade"* e na qual se ressaltam aspectos que dizem respeito ao intercâmbio entre as Igrejas e o diálogo com o mundo. Os 13 parágrafos desse capítulo – embora bastante sintéticos – reafirmam a convergência entre os membros sinodais de que a cultura digital é uma "mudança fundamental" na percepção e na experiência contemporâ-

---

4 Secretaria Geral do Sínodo dos Bispos. *Grupos de estudo sobre os temas surgidos na Primeira Sessão da XVI Assembleia Geral Ordinária do Sínodo dos Bispos*, 2024, p. 1.

5 RdS, p. 4 [?].

neas de si mesmo, da relação com os outros e com o mundo, e também com o próprio Deus.

O Sínodo reconhece, de modo significativo, que a cultura digital "não é tanto uma área distinta da missão, mas sim uma *dimensão crucial* do testemunho da Igreja na cultura contemporânea" e, portanto, "reveste-se de um significado particular em uma Igreja sinodal".[6] Fazendo um paralelo com os missionários históricos que "sempre partiram com Cristo rumo a novas fronteiras", afirma-se que, "hoje, cabe a nós chegar à cultura atual em todos os espaços onde as pessoas procuram sentido e amor, também nos seus telemóveis [*sic*] e tablets".[7]

Para além de certo tecnicismo implícito nessa última frase, é significativo que a Igreja reconheça a cultura digital não apenas como um "apêndice" da missão, mas como uma "dimensão crucial", inclusive à luz da sinodalidade. Sem dúvida, para caminhar juntos como Igreja com a sociedade em geral, é preciso levar em conta macroprocessos contemporâneos como a midiatização e a "Reforma digital", que ressignificam não somente o *socius*, mas também as próprias noções de *sacrus* e *religio*.[8] Tais processos impelem a própria instituição eclesial e os fiéis comuns a "traduzirem" suas práticas religiosas para os ambientes on-line, acionando lógicas midiático-digitais de percepção e de expressão de suas crenças e tradições. A Igreja, portanto, não pode se conceber como uma mera "observadora participante" desses fenômenos, pois é perpassada e embebida por

---

6 RdS 17b, grifo meu.

7 RdS 17c.

8 Sbardelotto, M. *E o Verbo se fez rede: religiosidades em reconstrução no ambiente digital*. Paulinas: 2017.

fluxos e redes sociodigitais diversos, que desdobram novos significados para as próprias noções de comunhão, participação e missão, aspectos centrais nos debates sobre a sinodalidade.

Concluída a primeira assembleia do Sínodo, iniciou-se o período de intervalo entre as duas sessões. Em fevereiro de 2024, em carta enviada ao cardeal Mario Grech, secretário-geral do Sínodo, o Papa Francisco solicitou a criação de 10 grupos de estudo para analisar questões-chave emergentes da primeira sessão, "que, por sua natureza, exigem ser abordadas com um estudo aprofundado".[9] Segundo o papa, o *Relatório de Síntese* "enumera múltiplas e importantes questões teológicas, todas ligadas em vários graus à renovação sinodal da Igreja e não desprovidas de repercussões jurídicas e pastorais". Daí a necessidade desse aprofundamento. Uma das 10 questões escolhidas pelo pontífice é justamente *"A missão no ambiente digital"*.

Em março de 2024, por sua vez, a pedido do papa, a Secretaria Geral do Sínodo detalhou o esquema de trabalho desses grupos, explicando que as 10 temáticas escolhidas "incidem na fisionomia e no estilo de uma Igreja sinodal".[10] O foco central dos grupos de estudo é justamente responder à pergunta que está no centro da segunda sessão do Sínodo em outubro de 2024: *"Como ser uma Igreja sinodal em missão?"* O grupo de estudo sobre a missão no ambiente digital é chamado a "in-

---

9 Francisco. *Lettera del Santo Padre all'Em.mo Cardinale Mario Grech*, 14 mar. 2024.

10 Secretaria, 2024, p. 1.

vestigar as implicações em nível teológico, pastoral, espiritual e canônico, e identificar os requisitos em nível estrutural, organizacional e institucional para cumprir a missão digital". A Secretaria Geral afirma ainda que tal ambiente "envolve todos os aspectos da vida humana e deve, portanto, ser reconhecido como uma cultura e não só como uma área de atividade". Entretanto, "a Igreja custa a reconhecer a ação no ambiente digital como uma dimensão crucial de seu testemunho na cultura contemporânea".[11]

Com base nas convergências alcançadas pela Igreja ao longo do processo sinodal, quero agora refletir sobre as "questões a aprofundar" presentes no *Relatório de Síntese*, assim como sobre as perguntas da Secretaria Geral do Sínodo ao grupo de estudo sobre a "missão no ambiente digital". Espero, assim, contribuir com o aprofundamento dessa temática crucial da Igreja hoje.

5.2 Sombras e limitações: questões em aberto

Do ponto de vista das sombras e limitações da missão nos ambientes digitais presentes no *Relatório de Síntese* e no documento ao grupo de estudo, vou me concentrar aqui em quatro pontos principais: os desafios eclesiológicos apresentados pelas novas territorialidades digitais; o risco do contratestemunho em rede; a pertinência ou a necessidade de regulamentação e vigilância das práticas digitais; e o mito dos "nativos digitais".

---

11 Secretaria, 2024, p. 6.

5.2.1 Novas fronteiras digitais: quais os limites?

O Sínodo afirma que é preciso considerar "as implicações da nova fronteira missionária digital para a renovação das estruturas paroquiais e diocesanas existentes". Por isso, em um "mundo cada vez mais digital", a assembleia sinodal reconhece também a necessidade de "evitar que fiquemos prisioneiros da lógica da conservação e, por outro lado, libertar energias para novas formas de exercício da missão".[12]

Sem dúvida, repensar a estrutura paroquial, definida a partir de fronteiras geográficas, é crucial nestes tempos de des/reterritorialização promovida pelas redes digitais. Mas a renovação de tais estruturas não se dará pelo mero investimento em tecnologias e ações digitais. Antes, é preciso um desenvolvimento sério e articulado de concepções teológicas, eclesiológicas e pastorais na linha da própria sinodalidade, que deem conta dos novos ambientes de vida, complexos e híbridos, da contemporaneidade. Que, por sua vez, envolvem aquilo que se faz em frente a uma tela, mas absolutamente *não se restringem a isso*.

O Sínodo reconhece ainda que as "iniciativas apostólicas on-line têm um alcance e um raio de ação que se estende para lá dos confins territoriais entendidos de forma tradicional".[13] E a Secretaria do Sínodo, por sua vez, dirigindo-se ao grupo de estudo, pergunta justamente sobre como aprofundar as implicações dessas novas fronteiras missionárias.[14]

---

12 RdS 17i.

13 RdS 17h.

14 Secretaria, 2024, p. 6.

É uma questão fundamental, já que as práticas e redes digitais atravessam e simplesmente *desconhecem* quaisquer "fronteiras e territorialidades" eclesiásticas tradicionais. Um exemplo disso ocorreu em 2023, em uma diocese da Amazônia brasileira, quando o bispo local informou que não desejava acolher "aqui na área da prelazia" um presbítero cuja atuação digital era bastante reconhecida (embora controversa), somando milhões de seguidores no Instagram e no YouTube. Por meio de um ofício reservado e enviado em resposta diretamente à assessoria do presbítero (mas que acabou sendo "vazado" e publicizado na internet), o bispo disse:

> *Queremos continuar apostando nesta organização local [da própria diocese], valorizando os Missionários daqui conhecedores de nossa realidade como Igreja na Amazônia. Além do mais, este Instituto [do qual o presbítero-influenciador faz parte] realiza um trabalho, pelo que observamos nas redes sociais, que não se coaduna com a nossa proposta de evangelização na Prelazia. Aqui seguimos as Diretrizes da Ação Evangelizadora da Igreja no Brasil da CNBB e os ensinamentos do Papa Francisco. [...], informamos que não desejamos ter aqui na área da Prelazia [o presbítero-influenciador]. Sua forma de "evangelização" não está de acordo com o nosso caminho de Igreja na Prelazia. Temos já sérios problemas com o Devocionismo, com uma espiritualidade desencarnada, que o "estilo" [do presbítero] representa.*[15]

---

15 Cf. *Gaudium Press*, 14 set. 2023, https://is.gd/Xmvptz

A medida é totalmente justa e cabível, pois, segundo o ordenamento católico, o bispo é a autoridade máxima dentro do território de sua diocese. Entretanto, ao se deparar com essa medida, outro padre influenciador digital, de outra diocese distante da Amazônia, postou uma réplica em suas redes sociais digitais e rebateu aquele bispo publicamente, afirmando entre outras coisas:

> *A proibição de missionários e pregadores em alguns territórios diocesanos não é coisa nova. [...] Aqui não vamos julgar se tais proibições eram justas ou não. A questão é outra! Em tempos de internet e redes sociais, proibir a presença física de alguém é irrelevante, já que através do celular, todo mundo chega em todo canto, sem precisar de permissão. [...] Quem proíbe de pregar numa igreja para 200 pessoas não consegue proibir de falar para milhões na internet.[16]*

Como se percebe, entram em xeque aqui noções como autoridade e comunidade, assim como a própria ideia de sinodalidade. O bispo tem plena jurisdição sobre o território de sua diocese, que, por sua vez, tem fronteiras geográficas claras. Porém, há um *atravessamento digital* de geografias eclesiais tradicionais como a de uma diocese. Há ainda uma inversão de papéis, em que um padre não incardinado na diocese do bispo em questão se sente empoderado e se arroga o direito de, publicamente, repreendê-lo nas redes digitais.

Muitas vezes, presbíteros de outras dioceses ultrapassam *midiaticamente* as barreiras e fronteiras eclesiais tradicionais, realizando uma verdadeira "invasão", pro-

---

16 Cf. *Facebook*, 15 set. 2023, https://is.gd/DDdgtT

movendo outros estilos de ser Igreja, nem sempre aceitos e aceitáveis no interior de uma determinada Igreja local. O bispo local, porém, pouco pode fazer institucionalmente a respeito dessa "invasão midiática". Além disso, qualquer medida tomada pela autoridade episcopal pode até funcionar sobre os clérigos, que fazem parte e estão submetidos à hierarquia eclesiástica, mas terá pouco efeito – ou até nenhum – em relação a leigos e leigas, organizados ou não. Quem tem (ou pode ter) jurisdição e autoridade sobre certos "lobos selvagens" da internet católica, que "mordem" toda e qualquer pessoa ou comunidade que vive a fé de um modo diferente? Será que também na Igreja "liberdade de expressão" pode se tornar sinônimo de "liberdade de *agressão*" (velada ou explícita)?

Há muitos cristãos em rede que se creem "donos" da fé, da Igreja e até da pessoa de Jesus, considerando-se superiores aos outros por cumprirem determinadas normas ou por serem fiéis a certo estilo católico do passado. Em certas presenças católicas digitais, há frequentemente a comunicação de um tradicionalismo católico que não dialoga com a cultura contemporânea, nem mesmo com a Igreja contemporânea, agindo em discordância com o Vaticano II e com o magistério do Papa Francisco. Sob uma superfície de suposta "modernização midiática" do catolicismo, muitas vezes nos deparamos com uma "pré-modernidade teológico--eclesial", que tenta perenizar ou reconstruir digitalmente um passado perdido e idealizado do catolicismo. Esse *neorreacionarismo católico* pauta-se por uma contraposição aberta e agressiva contra a própria Igreja e suas autoridades.[17] Há um esforço, assim, para se distanciar de um presente eclesial supostamente "progressista", "esquerdista", "marxista", "comunista" e até "herético", cujo representante máximo seria ninguém menos do que o próprio Papa Francisco.

É esse tipo de missão digital que a Igreja deseja promover?

Assim, a vida da Igreja acaba se tornando uma "peça de museu ou em uma possessão de poucos". E essa suposta segurança doutrinal, continua Francisco, pode dar espaço a um "elitismo narcisista e autoritário, em que, em vez de evangelizar, analisam-se e classificam os demais e, em vez de facilitar o acesso à graça, consomem-se as energias controlando".[18] Essas "formas desvirtuadas do cristianismo" obstaculizam um autêntico dinamismo evangelizador.

Do ponto de vista da missão digital, a evangelização não pode ser pensada como um esforço para "dominar espaços digitais", muito menos para dominar *digitalmente* certos espaços da Igreja, em busca de poder e de autoafirmação. Pelo contrário, um missionário digital é chamado não a "possuir espaços" em rede, mas sim a *iniciar processos de comunicação e de relação*, de modo dinâmico e criativo, a fim de alimentar a comunhão e construir comunidade.[19]

Assim como na parábola do trigo e do joio (cf. Mt 13,24-30), é o inimigo quem "ocupa o espaço" do Reino e causa dano à colheita. E só é vencido pela bondade

---

17 Sbardelotto, M. Facetas midiático-digitais do neorreacionarismo católico no Brasil. *Reflexão*, vol. 48, 2023.

18 EG 94-95.

19 Cf. EG 223.

do trigo, que se manifesta com o tempo, e não com uma reapropriação dominadora do espaço.[20]

5.2.2 Regulamentação e vigilância bastam?

Frente a essa "nova fronteira missionária digital", o desafio eclesial que emerge no processo sinodal é avaliar como as iniciativas católicas podem ser regulamentadas e a qual autoridade eclesiástica compete essa "vigilância".[21] A preocupação da Igreja é avaliar "que adaptações ao ambiente digital exige a noção de jurisdição".[22]

Regulamentar tais iniciativas e instituir autoridades capazes de acompanhá-las é uma questão delicada e sensível para a eclesiologia contemporânea. Como vimos, há uma transformação em curso dos modelos eclesiais a partir das práticas digitais, em que a popularidade midiaticamente construída sobrepassa a autoridade institucionalmente constituída. A teologia e a pastoral não podem menosprezar os efeitos que a transversalidade das redes digitais tem sobre o tecido eclesial, particularmente em nível local. Certas práticas digitais podem subverter e até corromper processos basilares da experiência do catolicismo, como a *construção da identidade católica*, a *configuração da comunidade eclesial* e a *liderança da autoridade eclesiástica*.

Frente a isso, há no mínimo três saídas possíveis, com graus de complexidade diferentes:

---

20 Cf. EG 225.

21 Cf. RdS 17h.

22 Secretaria, 2004, p. 6.

1. **Contenção:** trata-se de uma ação imediata por parte das próprias autoridades da Igreja, particularmente bispos e superiores religiosos, no sentido de identificar, denunciar, bloquear ou pedir o fechamento de contas que estejam sob sua alçada e que atuem contrariamente aos ensinamentos da Igreja e à comunhão eclesial;
2. **Legislação:** aprofundar ou adaptar os cânones do Código de Direito Canônico para uma Igreja local em relação à atuação de seus fiéis nos ambientes digitais, especialmente presbíteros, ou até criar manuais, orientações, normas e, se necessário, punições específicas e aplicáveis sobre a atuação dos fiéis em rede;
3. **Educação:** ação de mais longo prazo, mas a única que pode surtir um efeito duradouro, se receber a valorização e o investimento necessários desde a formação de base, na catequese de jovens e adultos, nos seminários e nas casas de formação. Trata-se de oferecer subsídios, promover treinamentos e manter espaços de diálogo aberto sobre a missão no ambiente digital, promovendo a troca de experiências e o aprendizado contínuo entre fiéis, clérigos e especialistas.

Do ponto de vista da jurisdição eclesiástica, portanto, é preciso reforçar muito mais os laços de sinodalidade e de colegialidade, a fim de que o trabalho de uma Igreja e de um bispo locais não seja afetado negativamente por "missionários digitais" ligados a outra igreja e a outro bispo locais. Um missionário que deseje entrar fisicamente em um território eclesiástico "geolocalizado" precisa da autorização do bispo ou do pároco local. Entretanto, hoje, as fronteiras digitais não têm controles nem alfândegas de nenhum tipo. É preciso, então, repensar processos de diálogo e de ação conjunta entre igrejas e bispos locais, assim como com membros e superiores de ordens religiosas, para que casos de "invasão religiosa digital" e de ruptura da comunhão em rede possam encontrar soluções sinodais e colegiadas (e, no extremo, se e quando necessário, também punições compartilhadas). Como dizíamos, tais medidas podem ser mais eficazes do ponto de vista de missionários digitais clérigos, mas, para indivíduos e grupos leigos, a situação é ainda mais complexa. Por isso, é necessário um amplo debate eclesial, para que essas questões sejam levantadas e refletidas sinodalmente, pois as soluções não são simples.

Por isso é preciso reforçar muito mais – por meio de processos formativos e vivências espirituais – a identidade de cada pessoa e comunidade cristãs (paróquia, diocese etc.) à luz do Evangelho, para que elementos externos não descaracterizem uma determinada experiência comunitária de fé, no respeito a seu contexto sociocultural, a seu caminho histórico e à sua organização eclesial específica. É preciso investir, portanto, na formação digital e teológica das pessoas e comunidades locais, para que saibam reconhecer o que é bom e verdadeiro nas práticas digitais (católicas ou não) e também lidar com elementos exógenos que possam atrapalhar e até prejudicar a vida, a identidade e as relações internas da comunidade.

A personalização dessa formação é crucial, para que a própria pessoa tenha as competências suficientes para discernir aquilo que circula em rede. Em suma, é preciso *formar para a informação* e *conscientizar para a comunicação*,[23] ajudando as pessoas a serem prudentes como as serpentes e astutas como as pombas na ecologia digital (cf. Mt 10,16).

5.2.3 Superficialidade, polarização e ódio: isso é missão?

Para além das boas iniciativas católicas on-line, o *Relatório de Síntese* também aponta para a existência de práticas digitais que abordam temáticas ligadas à fé "de forma superficial, polarizada e até cheia de ódio".[24]

Uma pesquisa recente realizada no Brasil sobre influenciadores digitais católicos aponta para o impacto que a ação de alguns deles têm sobre a Igreja, incluindo a própria Conferência Nacional dos Bispos do Brasil (CNBB). O estudo aponta que há casos de bons evangelizadores nas redes, que dão a primazia ao Evangelho e são fiéis ao magistério da Igreja e do pontífice atual. Entretanto, outros pautam suas práticas digitais, não raramente, pela propagação de informações e conteúdos superficiais ou até mesmo falsos sobre a fé cristã. Constata-se "uma divergência, às vezes velada, outras vezes escancarada, em relação ao caminho eclesial e pastoral da Igreja contemporânea ou, em outros casos, há um 'silêncio gritante' em relação ao magistério de Francisco e da CNBB. Desse modo, as grandes questões eclesiais

---

23 Sbardelotto, M. *Comunicar a fé: por quê? Para quê? Com quem?* Vozes, 2020.

24 RdS 17g.

são simplesmente ignoradas, em favor de uma fé mais individualista e devocional, desconectada das problemáticas socioculturais e eclesiais contemporâneas".[25]

Muitas vezes, chega-se, no extremo, à prática da intolerância e do ódio intra/inter-religioso. Proferindo discursos agressivos e violentos contra pessoas ou grupos específicos, certos influenciadores digitais alimentam hostilidades e divisões no interior das comunidades religiosas ou entre elas, muitas vezes em busca apenas de mais "cliques" e de mais visibilidade, convertidos em elevadas métricas digitais, geralmente muito lucrativas. Desse modo, a pessoa que está do outro lado da tela já não é um "irmão ou irmã na fé", mas apenas alguém sobre o qual se descarrega todo o próprio ódio pessoal, camuflado de "defesa" da tradição, da doutrina e da liturgia, com citações artificiosamente pinçadas da Bíblia e do Catecismo.[26]

É sempre importante lembrar, embora devesse ser uma obviedade, que a violência – seja de que tipo for, física ou verbal – "não é nem cristã nem evangélica".[27] Interações hostis, assim como expressões violentas e ofensivas, "gritam da tela e representam uma contradição ao próprio Evangelho".[28] Paulo VI também ressaltava que a força da evangelização se encontrará muito diminuída se os próprios evangelizadores estiverem divididos entre si, "por querelas doutrinais, polarizações

---

25 Medeiros, F. F.; Silva, A. A. da; Souza, A. R. de; Sbardelotto, M.; Gomes, V. B. *Influenciadores digitais católicos: efeitos e perspectivas*. Ideias & Letras; Paulus Editora, 2024, p. 23.

26 Sbardelotto, M. "Vejam como não se amam!": intolerância intracatólica e antievangelização em rede. Vida Pastoral, ano 62, n. 340, p. 24-31, jul.-ago. 2021.

27 EN 37.

28 RPP 50.

ideológicas, ou condenações recíprocas entre cristãos, ao capricho das suas maneiras de ver diferentes acerca de Cristo e acerca da Igreja". Segundo ele, essa é uma das grandes adversidades da evangelização, e, quando isso ocorre, não temos o direito de criticar os outros ao se encontrarem "perturbados, desorientados, se não escandalizados", em relação à Igreja.[29]

A missão só é verdadeiramente cristã e inspirada pelo Espírito quando produz o sinal da "presença dos valores do Reino de Deus nas culturas, recriando-as a partir de dentro para transformar as situações antievangélicas".[30] Na cultura digital, os missionários precisam se esforçar muito mais para transformar a situação antievangélica da intolerância e do ódio *entre os próprios irmãos e irmãs de fé*, antes de quererem evangelizar "o continente digital".

Muitos influenciadores digitais que se dizem católicos evitam toda e qualquer experiência de partilha comunitária da missão em rede. Em vez disso, optam por realizar uma missão *alone together*:[31] supostamente juntos e em comunhão com a Igreja, mas intencionalmente sozinhos. Isto é, afirmam comungar da mesma fé, mas, na prática, buscam sua independência das comunidades eclesiais, exacerbam sua autonomia em relação às autoridades religiosas e criam suas próprias "igrejas" à sua imagem e semelhança. Com isso, a importância da comunidade e da comunhão eclesial acaba desaparecendo – o foco passa a ser o "eu" do próprio influencia-

---

29 EN 77.

30 DAp 374a.

31 Cf. Turkle, S. *Alone Together: Why We Expect More from Technology and Less from Each Other.* New York: Basic Books, 2012.

dor ou o "eu" da pessoa que o segue nas redes. Nessa "comunhão solitária", alimentada por certos influenciadores, quem não comunga com eles – o "outro", o "diferente" – não é digno deles, e, portanto, está "excomungado" e deve ser também *excomunicado*[32] – até mesmo o próprio papa.

A comunhão cristã, por sua vez, só é possível quando há abertura e reconhecimento recíprocos da dignidade humana e da pertença eclesial das pessoas envolvidas. A perspectiva de um "nós" comunitário não centrado em um único "eu" individual nem referenciado unicamente a ele é fortemente contracultural em tempos de redes digitais. O "nós" eclesial envolve uma *"comum união"* com todo o Povo de Deus, em sua complexa diversidade, mas principalmente com seu magistério – do papa, dos bispos quando se pronunciam colegialmente e do bispo local no interior da jurisdição que lhe compete. Esse "nós" se expressa no testemunho de irmandade e de amor entre aquelas pessoas que se apresentam publicamente como cristãs: "Se vocês tiverem amor uns aos outros, todos vão reconhecer que vocês são meus discípulos" (Jo 13,35).

Missão e comunhão estão profundamente interligadas, "a ponto de a comunhão representar a fonte e, simultaneamente, o fruto da missão: a comunhão é missionária e a missão é para a comunhão".[33] Os Padres conciliares também já lembravam que a missão convo-

---

32 Sbardelotto, M. "Excomunicação: novos modos de intolerância intrarreligiosa em tempos de midiatização digital". In: Cunha, M. do N.; Storto, L. J. (orgs.). *Comunicação, linguagens e religiões: tendências e perspectivas na pesquisa*. Syntagma Editores, 2020, pp. 151-180.

33 IL 44.

ca todos os batizados e batizadas a se unirem em um só rebanho, para assim poderem dar um testemunho unânime de Cristo. E ressaltavam: "Ainda que não possam plenamente testemunhar uma só fé, convém sejam *ao menos* animados de mútua estima e caridade".[34] Estima e caridade *são o mínimo* que se pode esperar de um missionário cristão, em rede e fora dela.

Quando até mesmo esse mínimo falta, emerge aquilo que o papa chama de "mundanismo espiritual", que leva alguns cristãos a estarem em guerra com outras pessoas que se interpõem em sua própria busca por poder, prestígio, prazer ou segurança econômica. Assim, em vez de pertencerem à Igreja inteira, com sua rica diversidade, "pertencem a este ou àquele grupo que se sente diferente ou especial",[35] rompendo a comunhão e, portanto, renegando a própria missão.

5.2.4 Cultura digital é só coisa de "jovem"?

Segundo o Sínodo, "os jovens, e entre eles os seminaristas, os jovens padres e os jovens consagrados e consagradas, que, muitas vezes, têm uma *experiência direta profunda* destas realidades [digitais], são os *mais adequados* para levar a cabo a missão da Igreja no ambiente digital".[36] Embora reconheça que o fenômeno diz respeito a toda a sociedade, o *Relatório de Síntese* afirma que a ação no mundo digital é marcada por uma atenção particular ao mundo juvenil, porque muitos jovens "abandonaram os espaços físicos da Igreja, para os

---

34 AG 6, grifo meu.

35 EG 98.

36 RdS 17d.

quais tentamos convidá-los, a favor dos espaços on-line".[37] Essas afirmações são retomadas também pelo documento da Secretaria Geral do Sínodo para o trabalho dos grupos de estudo.

Mas aqui é preciso levantar algumas perguntas: será que uma maior presença da Igreja nos ambientes digitais garantiria uma renovada presença de jovens na Igreja? Será que o desafio estaria apenas no ambiente digital ou também está nos próprios ambientes tradicionais e "físicos" da Igreja, particularmente nas comunidades e paróquias? Será que estes ambientes não deveriam também ser repensados à luz daqueles, isto é, dos novos processos de comunicação? De que adiantaria uma comunicação inovadora e contemporânea, do ponto de vista das linguagens e dos processos digitais, se depois a prática ritual e a convivência comunitária na igreja local são vivenciadas de um modo que não fazem mais sentido aos jovens de hoje, pela incoerência, pela superficialidade ou até pelo vazio de sentido em tais experiências? A questão é se esses jovens abandonaram apenas os "espaços físicos" da Igreja, mantendo-se realmente presentes nos "espaços on-line" eclesiais, ou se abandonaram *todo e qualquer espaço "da Igreja"*.

De fato, evidencia-se cada vez mais uma busca de experiências religiosas não vinculadas a uma Igreja considerada pelas juventudes como incoerente e anacrônica, ou ainda a busca de experiências não necessariamente religiosas em outros ambientes socioculturais (físicos ou on-line que sejam), a fim de encontrar sentido para a vida. É o chamado fenômeno dos "sem religião", que manifestam certa desafeição em relação à

---

37 RdS 17k.

religiosidade institucionalizada.[38] É preciso reconhecer que, muitas vezes, "o adversário da nossa fé cristã não é o ateísmo, o secularismo ou o anticlericalismo, mas a nossa atual religiosidade cristã. Estamos tão cheios de nossa própria espiritualidade e de nós mesmos que deixamos pouco ou nenhum espaço para Cristo".[39]

O *Relatório de Síntese*, porém, continua enfatizando, naquele ponto do texto, uma dualidade entre "físico" e "on-line", quando a questão, como vemos, parece ser muito mais grave, eclesialmente falando. Isso não apenas no sentido de uma opção dualista entre um espaço (a ser abandonado) por outro, mas sim da busca juvenil de outras opções que vão *muito além* das ofertas eclesiais e até cristãs e religiosas em geral, em que as experiências on-line são apenas um sintoma e a ponta de um "iceberg" muito maior e mais profundo.

Certo viés de leitura por parte do Sínodo, nesse sentido, está ligado à concepção de "nativos digitais", que aparece no próprio *Relatório de Síntese*.[40] Segundo essa leitura, crianças, jovens e adolescentes contemporâneos estariam *naturaliter* inculturados digitalmente, pois supostamente teriam uma "maior familiaridade" com as dinâmicas digitais, como afirma o relatório. O que, entretanto, é um *mito*: "É preciso mais do que ter nascido e crescido em contato com os artefatos tecnológicos. *O uso consciente das tecnologias deve ser ensinado e*

---

38 Senra, F. Sem-religião: um tema para investigação. *Interações*, v. 17, n. 1, p. 8-14, jan./jul. 2022.

39 Grech, M. Um cristianismo sem religião. *IHU*, 15 abr. 2018, https://www.ihu.unisinos.br/578027

40 RdS 17a.

aprendido, como qualquer outra habilidade cognitiva".[41] Além disso, hoje, o uso da internet no Brasil é amplo e diversificado, inclusive do ponto de vista etário. De cada 100 brasileiros, 87 usavam a internet em 2022. E o crescimento no uso foi ainda maior entre as pessoas com 60 anos ou mais: em 2022, eram 62,1% de usuários, índice cerca de 2,5 vezes maior do que os 24,7% de 2016.[42]

Portanto, "cultura" (digital, neste caso) é muito mais do que o uso de aparatos tecnológicos e o domínio de certas técnicas ou linguagens e não se restringe apenas a uma parcela da população. "A cultura abrange a totalidade da vida de um povo."[43] O mero uso de máquinas digitais de maneira automática e repetitiva não é suficiente para que o usuário seja um sujeito capaz de analisar as implicações sociais e também religiosas da cultura digital. Habitar a cultura digital não significa necessariamente compreendê-la. Há todo um universo simbólico, de valores, de princípios, de sentidos, de memórias e também de práticas que não surgem por ação espontânea pelo mero uso de tecnologias, mas demandam *processos de aprendizagem e de intercâmbio intergeracional*, particularmente do ponto de vista da comunicação de uma "Tradição viva".[44]

---

41 Azevedo, D. S. de et al. Letramento digital: uma reflexão sobre o mito dos "Nativos Digitais". *Revista Novas Tecnologias na Educação*, v. 16, n. 2, dez. 2018, p. 620.

42 Cf. *Agência Brasil*, 9 nov. 2023, https://is.gd/Fcp3NL

43 EG 115.

44 Cf. RdS 1f, 1o.

5.3 Luzes e possibilidades: aprendizagens possíveis

De acordo com o *Relatório de Síntese*, há muitas iniciativas on-line ligadas à Igreja de grande valor e utilidade, oferecendo catequese e formação para a fé de qualidade. Por isso, destacam-se "as potencialidades do ambiente digital em chave missionária".[45]

Para aprofundar tais potencialidades, refletiremos aqui sobre a importância de aprender com a cultura digital e de discernir as ações missionárias digitais a partir do Evangelho. Além disso, com base em duas propostas feitas pelo *Relatório de Síntese*, comentaremos alguns aspectos fundamentais do ponto de vista da formação e da articulação dos missionários digitais.

5.3.1 Conversão pastoral digital: uma Igreja em rede

Uma primeira questão levantada pelo processo sinodal diz: "O que é que uma Igreja sinodal missionária pode aprender de uma maior imersão no ambiente digital?"[46] O *Relatório de Síntese* também destaca a "criatividade pastoral on-line"[47] que surgiu durante o período da pandemia de Covid-19, a fim de superar o isolamento e a solidão vividos por muitas pessoas.

Especificamente sobre o período pandêmico, os ambientes digitais permitiram, de fato, ressignificar alguns conceitos centrais para a experiência da fé cristã, como *corpo* e *comunicação*; *presença* e *comunhão*; *participação* e *comunidade*, levando a superar uma concepção

---

45 RdS 17e.

46 Secretaria, 2004, p. 6.

47 RdS 17j.

superficial sobre uma suposta "virtualização da fé".[48] De modo mais geral, o fenômeno digital também revela primordialmente um *desafio positivo* à Igreja em dois aspectos. Primeiro, no sentido de levá-la a aprender a repensar suas próprias linguagens, para facilitar o diálogo com a cultura contemporânea. E, depois, no sentido de aprender a dialogar com públicos diversos, com muitos dos quais a Igreja talvez não esteja acostumada a interagir.

Por isso, a aprendizagem fundamental com a inculturação digital parece a de ser uma *Igreja em (uma sociedade em) rede*, uma experiência crucial para a própria sinodalidade, na linha da *corresponsabilidade*.[49] Em rede, o poder de ação é distribuído entre todos os pontos, mesmo que ela esteja centralizada em um ponto só. Todos *inter-agem*. E a rede nunca é algo pronto e já dado, mas envolve um trabalho de construção contínuo (*net-work*), por meio das *inter-relações entre suas diferentes partes*, que moldam a forma da rede. A metáfora da videira e dos ramos, citada por Jesus (Jo 15), e a do corpo e dos membros usada por Paulo (Ef 4), também apontam para essa *identidade reticular da Igreja*, que, segundo Francisco, "se funda sobre a comunhão e a alteridade. Como cristãos, todos nos reconhecemos como membros do único corpo cuja cabeça é Cristo [e] o olhar de inclusão, que aprendemos de Cristo, faz-nos descobrir a alteridade de modo novo [...] *para ser eu mesmo, preciso do outro*".[50]

Além disso, as redes digitais podem ser (e em geral são) articuladoras, facilitadoras e impulsionadoras de re-

---

48 Sbardelotto, M. Virtualização da fé? Reflexões sobre a experiência religiosa em tempos de pandemia. *Annales Faje*, vol. 5, n. 4, pp. 98-110, 2020.

49 Cf. RdS 1a, 8b, 9b, 9g, 18a.

50 DMCS 2019, grifo meu.

des humanas. O papa afirma que "o uso da *social web* é complementar ao encontro em carne e osso [...] e permanece como um recurso para a comunhão".[51] Não há dicotomia nem separação entre essas experiências de vida. Assim sendo, a Igreja em tempos de rede é chamada a se compreender *"também* (e, portanto, certamente não só) como lugar de conexão significativa das pessoas, capaz de fornecer a base para a construção de relações de comunhão em uma sociedade fragmentada".[52]

Nas palavras do Sínodo, "como Igreja e, pessoalmente, como missionários digitais, temos o dever de nos interrogarmos como garantir que a nossa presença on-line constitua uma *experiência de crescimento* para as pessoas com quem comunicamos". Frente aos limites e riscos dos ambientes digitais, "é urgente refletir sobre a forma como a comunidade cristã pode [...] garantir que o espaço on-line não só seja seguro, mas também *espiritualmente vivificante"*.[53]

Para isso, antes de qualquer "estratégia" para a missão digital, "temos que nos perguntar se nossa maneira de olhar o mundo, se nossa atitude diante da sociedade, se a comunicação que mantemos com as pessoas afastadas, se a acolhida que oferecemos aos que sofrem... é a atitude de Jesus. Antes de elaborar projetos pensados para a conversão dos outros, temos que perguntar se nós, que queremos dinamizá-los, vivemos abertos ao Espírito de Jesus ou continuamos instalados em nossos velhos esquemas e comportamentos, sem escutar os apelos do

---

51 DMCS 2019.

52 Spadaro, A. *Cyberteologia: pensare il cristianesimo al tempo della rete.* Vita e Pensiero, 2012, p. 65, tradução minha.

53 RdS 17g-17f, grifo meu.

Evangelho dirigidos também a nós. Uma Igreja que não vive em atitude de conversão não pode convidar à conversão. [...] O mais urgente na Igreja hoje é a conversão a Jesus Cristo e ao seu Evangelho".[54]

5.3.2 Critérios pastorais digitais: discernimento a partir das fontes

A esse respeito, a Secretaria Geral do Sínodo pergunta: "Com que critérios podemos [...] identificar quais podem ser os benefícios a longo prazo para a missão da Igreja no ambiente digital?"[55] Se estamos falando de missão *da Igreja*, não estamos falando de nada que se compare ao que é feito por outros indivíduos, grupos ou instituições em geral. Nós, a Igreja, não somos uma empresa, uma marca, um partido político, uma ONG. A Igreja não é um sujeito qualquer na sociedade, e sua missão não é comparável à de nenhuma outra instituição, como vimos.

Em um tuíte em 2018, o Papa Francisco já disse: "Nós, cristãos, não temos um produto para vender, mas uma vida para comunicar".[56] Trata-se da "vida em abundância" que experimentamos como filhas e filhos de Deus, membros do Corpo de Cristo. O processo sinodal também reitera essa ideia: "A missão *não é a comercialização de um produto religioso*, mas a construção de uma comunidade na qual os relacionamentos são uma manifestação do amor de Deus e, portanto, cuja própria vida se torna uma proclamação".[57] Nossa missão é "co-

---

54 Pagola, J. A. Anunciar Deus hoje como boa notícia. Vozes, 2020, pp. 64-65.

55 Secretaria, 2024, p. 6.

56 Cf. https://x.com/pontifex_pt/status/1035127491621339137

57 IL 52, grifo meu.

municar vida aos demais", uma vida *plena e digna* para todas as pessoas.[58]

Por isso, os critérios para avaliar a missão da Igreja no ambiente digital não devem derivar do campo empresarial, publicitário, mercadológico ou do entretenimento. Métricas digitais como engajamento, cliques e visualizações podem ser critérios muito importantes para qualquer outra instituição social, mas dizem muito pouco à Igreja, do ponto de vista de sua missão. Para a Igreja, *os números não importam*, porque a "matemática de Deus" é diferente: a multiplicação só ocorre quando há fração e partilha. Jesus mesmo nunca perguntou *"Quantos* homens seguem o Filho do Homem?"*, mas sim *"Quem* dizem os homens ser o Filho do Homem?" (Mt 16,13).

A missão, afirma o Papa Francisco de modo categórico, "não é um negócio nem um projeto empresarial, nem mesmo uma organização humanitária, não é um espetáculo para que se possa contar quantas pessoas assistiram graças à nossa propaganda". Pelo contrário, é algo muito maior, que escapa a toda e qualquer medida. A missão da Igreja, como vimos, é "tornar o Reino de Deus presente no mundo".[59] E o Reino de Deus é como uma pequena semente de mostarda e o fermento escondido na massa (Lc 13,18-21), é "justiça, paz e alegria no Espírito Santo" (Rm 14,17). Seus frutos não são mensuráveis, nem previsíveis, nem quantificáveis, nem controláveis segundo padrões humanos e mundanos. O próprio Espírito trabalha como quer, quando quer e onde quer: "E nós gastamo-nos com grande dedicação,

---

58 DAp 360-361.

59 EG 176.

mas *sem pretender ver resultados espetaculares*".[60] À luz do diálogo da salvação, estabelecido por Deus com a humanidade, o diálogo da Igreja com a sociedade também "deve ser sem limites nem cálculos".[61]

Os critérios eclesiais precisam ser outros, tão novos e inovadores quanto a própria Boa Nova. Não precisamos "reinventar a roda" para fazer esse discernimento. Como afirma o decreto conciliar *Ad gentes*, "explicitando através da história a missão do próprio Cristo, que foi enviado a evangelizar os pobres, a Igreja, movida pelo Espírito Santo, deve seguir o mesmo caminho de Cristo: o caminho da *pobreza*, da *obediência*, do *serviço* e da *imolação* própria até à morte".[62] Esses são critérios cruciais para a missão no ambiente digital.

A experiência católica tem se alimentado ao longo da história de uma tríade fundamental em sua práxis evangelizadora, que serve de baliza também para a missão nos ambientes digitais: a *Bíblia*, lida à luz dos Evangelhos, a grande *Tradição* da Igreja (e não meros "tradicionalismos") e o *Magistério* eclesial e pontifício contemporâneo. Para encontrar critérios condizentes com a missão cristã, precisamos, então, *voltar à práxis do próprio Jesus*, alguém que veio para "anunciar a Boa Notícia aos pobres" (Lc 4,18) e que "passou a vida fazendo o bem" (At 10,38).

Alguns desses critérios ficarão mais claros nos próximos capítulos.

---

60 EG 279, grifo meu.

61 ES 42.

62 AG 5, grifo meu.

5.3.3 Formação: um missionário digital não deixa de ser discípulo

Perante os desafios dos ambientes digitais, o Sínodo recomenda que as Igrejas "assegurem reconhecimento, formação e acompanhamento aos missionários digitais já em ação, facilitando também o encontro entre eles".[63]

Sem dúvida, "todo discípulo é missionário".[64] Mas é preciso lembrar cada vez mais que *todo missionário não deixa de ser discípulo* e sempre deve voltar a se colocar "atrás" de Jesus, no seguimento de seus passos. Muitas vezes, as presenças digitais católicas são marcadas por pessoas que se arrogam o direito de falar "em nome de Jesus", esquecendo-se que só podem falar em nome *de sua própria experiência de Jesus*. O Senhor sempre nos ultrapassa e nos surpreende. Mesmo quando achamos que chegamos antes, como "arautos", ele já está lá *primeireando*... O discípulo "amadurece constantemente no conhecimento, amor e seguimento de Jesus Mestre".[65]

Desde sempre, a Igreja incentiva fortemente a *formação* das missionárias e missionários, para que sejam cristãs e cristãos maduros na fé e se encontrem à altura das exigências da missão. Para isso, segundo o Concílio, é preciso conhecer não apenas a doutrina da Igreja, mas também a história e os caminhos percorridos por outros missionários, ao longo dos séculos, assim como sobre a condição atual das missões e os métodos mais eficazes. Os Padres conciliares recomendam ainda uma boa formação espiritual e moral, assim como doutrinal e

---

63 RdS 17l.

64 DAp 144.

65 DAp 278c.

apostólica aos futuros missionários.[66] Além disso, hoje, um treinamento técnico e especializado nas linguagens e meios digitais também é imprescindível, desde o início do caminho formativo.

Mas isso não é suficiente.

Como afirmam os bispos do Brasil, é necessário superar uma visão instrumentalista na missão. "Não basta possuir meios de comunicação tradicionais, mídias digitais e dominar suas técnicas. Isso é necessário, mas não somente. É preciso adotar uma atitude profética no mundo das comunicações, mediante escolhas, produções de conteúdo em perspectiva crítica, atitudes, ângulos de análise da conjuntura que verdadeiramente expressem os valores do Evangelho, promovam o ser humano em sua integralidade e estimulem a unidade e a paz".[67]

Todos somos chamados a crescer como evangelizadores. Mas o anúncio cristão não é uma mera "transmissão desarticulada de uma imensidade de doutrinas".[68] O mundo demanda missionários "que lhe falem de um Deus que eles conheçam e lhes seja familiar como se eles vissem o invisível".[69] A missão cristã é a comunicação pelo testemunho de uma experiência pessoal de encontro com o Ressuscitado e de uma experiência comunitária que nos permite dizer *juntos*: "Vimos o Senhor" (Jo 20,19). Por isso, "devemos procurar *simultaneamente* uma melhor formação, um aprofundamento do nosso amor e um testemunho mais claro do Evangelho. Nesse

---

66 AG 25-26.

67 DCIB 22.

68 EG 34.

69 EN 76.

94 Missionários no ambiente digital: em nome de quem?

sentido, todos devemos deixar que os outros nos evangelizem constantemente."[70]

5.3.4 Articulação: agir em rede e em comunhão

O Sínodo propõe ainda que sejam criadas "redes de colaboração" entre influenciadores em geral, não apenas católicos, mas também de outras religiões ou mesmo sem religião, que possam colaborar "em causas comuns para a promoção da dignidade da pessoa humana, da justiça e do cuidado da casa comum".[71] Esse *ecumenismo digital* é fundamental para a colaboração entre as pessoas de boa vontade engajadas com esses desafios pastorais do nosso tempo.

Para isso, é preciso superar o individualismo fomentado pelas práticas digitais. "É urgente aprender a agir em conjunto, como comunidade, não como indivíduos. Não tanto como '*influencers* individuais', mas como 'tecelões de comunhão': unindo nossos talentos e competências, compartilhando conhecimentos e contribuições."[72] Quem deseja contribuir com um caminho de evangelização integral precisa fazê-lo *em comunhão e em comunidade*, orientando-se pelos critérios do Evangelho, da Tradição e do Magistério. Nesse sentido, projetos de missão digital coletivos são muito mais fiéis ao Evangelho do que os individuais: o próprio Jesus enviou seus discípulos em missão "dois a dois" (Lc 10,1).

Por sua vez, missionárias e missionários são chamados a fazer nascer comunidades de seguidoras e

---

70 EG 121.

71 RdS 17m.

72 RPP 76.

seguidores de Jesus. A experiência de Deus que Jesus comunica não é uma experiência puramente interior e individual, mas se estende *a todas as pessoas*, em especial as mais pobres e humilhadas.[73] Não é possível conceber uma missão digital sem esse fruto de comunhão e partilha próprio da experiência cristã. A adesão do coração por parte de quem recebe a nossa comunicação é crucial, mas permaneceria "abstrata e desencarnada",[74] sem a manifestação concreta da participação visível em uma comunidade de fiéis. Desse modo, "a comunidade cristã se torna *sinal da presença de Deus no mundo*".[75]

---

73 Cf. Pagola, 2020, p. 100.

74 EN 23.

75 AG 15.

6. A missão cristã no ambiente digital como anti-influência digital

Na comparação entre os relatórios da fase diocesana e da fase continental do "Sínodo digital", o termo "influenciador(es)" consta 29 vezes no primeiro (em um total de 15 páginas), enquanto só aparece 8 vezes no segundo (em 22 páginas). "Evangelizador(es)" aparece 31 vezes no primeiro caso e 44 vezes no segundo. Já a expressão "missionário(s)" consta 13 vezes no primeiro relatório e aparece 32 vezes no segundo. Há, nesse sentido, uma certa evolução no pensamento eclesial, que vem preferindo expressões como *evangelizador* ou *missionário*.

Superar a mera ideia de "influência digital", assim como suas práticas socialmente estabelecidas, é fundamental para que a missão cristã seja realmente o objetivo de cada pessoa seguidora de Jesus nos ambientes digitais. Para que isso fique mais claro, é importante perceber que a "influência digital", como fenômeno midiático, ganha força a partir das demandas do mercado da comunicação contemporânea. Como um cristão não pode "servir a Deus e ao dinheiro" (Mt 6,24), a missão no ambiente digital deve ser uma verdadeira *anti-influência digital*. Caso contrário, a Igreja corre o risco de renegar não só a missão à qual foi enviada, mas também o próprio testemunho de Jesus, que expulsou os vendedores e os cambistas do Templo, ordenando claramente: "Não façam da casa de meu Pai uma casa de negócios!" (Jo 2,16).

6.1 O mercado da influência digital

De modo geral, os chamados "influenciadores digitais" são produtores de conteúdo em plataformas digitais com uma atuação constante e orgânica junto a seus seguidores, visando a engajá-los e persuadi-los em relação a uma tomada de decisão acerca de opiniões e atitudes pessoais ou coletivas, particularmente do ponto de vista do consumo.[1] No caso da fé, tais opiniões e atitudes estão relacionadas a crenças, práticas e também produtos religiosos.

Na interação com seus públicos, os influenciadores digitais produzem conteúdos de forma mais direta, com mais proximidade, alcançando nichos de consumo mais específicos e sendo reconhecidos por eles. Isso atrai não só a mídia em geral, mas também o mercado, que vê nos influenciadores um meio ideal para alcançar possíveis consumidores altamente engajados, que poderão promover e disseminar igualmente seus produtos e serviços. As parcerias entre influenciadores e marcas envolvem a venda de espaços publicitários e comissões por vendas geradas através de seus links. Além disso, influenciadores podem criar conteúdos exclusivos para certas marcas e participam de eventos, a fim de gerarem engajamento e visibilidade para elas.

Na economia da atenção, os influenciadores precisam produzir constantemente conteúdos impactantes e

---

1 Karhawi, I. *De blogueira a influenciadora: etapas de profissionalização da blogosfera de moda brasileira*, Sulina, 2020; Primo, A.; Matos, L.; Monteiro, M. C. *Dimensões para o estudo dos influenciadores digitais*, EDUFBA, 2021.

que "viralizem", independentemente de sua qualidade, para serem reconhecidos pelos algoritmos das plataformas e para não perderem o interesse dos anunciantes. No linguajar popular, é a famosa "biscoitagem", a troca da atenção por recompensas digitais. O influenciador faz algo para gerar "engajamento" e possíveis lucros, assim como um bichinho faz algo para ganhar um biscoito. Com isso, a disputa por visibilidade e relevância também pode ser agressiva.

Contudo, as regras de funcionamento das plataformas não são claras nem transparentes. Influenciadores e o público desconhecem como funcionam os algoritmos, quais conteúdos são compartilhados, por que, com quem, e por quanto tempo, e quais conteúdos são invisibilizados e por quê. Isso torna o ambiente mais competitivo e "selvagem", gerando um *temor constante de desaparecer* e de não ser mais relevante.

Apesar dos riscos pessoais (como estresse, estafa, ansiedade, depressão) e pastorais envolvidos, os influenciadores digitais católicos muitas vezes também seguem as práticas profissionais do mercado digital, e não necessariamente as diretrizes da Igreja em relação à evangelização. Muitos influenciadores digitais católicos seguem essas lógicas digitais, produzindo conteúdos que podem até se contradizer, gerando uma imagem de Igreja "fragmentada, abalada ou incoerente com seu propósito".[2]

Paradoxalmente, percebe-se que é possível ser um "influenciador digital católico" *sem ser, necessariamen-*

---

2 Cf. Medeiros, F. F.; Silva, A. A. da; Souza, A. R. de; Sbardelotto, M.; Gomes, V. B. *Influenciadores digitais católicos: efeitos e perspectivas.* Ideias & Letras; Paulus Editora, 2024, p. 384.

te, um evangelizador ou missionário digital. Pois, quando a inspiração para a missão não é o Jesus do Evangelho e o Evangelho de Jesus, acabamos copiando práticas mundanas do mercado da comunicação.

6.2 A missão cristã como anti-influência digital

Em meio a esse contexto mercadológico da comunicação digital, vivemos hoje, do ponto de vista religioso, uma *"situação pós-eclesial"*.[3] Ela se caracteriza pela perda de credibilidade da Igreja, em um duplo sentido: tanto como uma instituição que não inspira mais confiança (= fé) na sociedade quanto como uma realidade que não é mais capaz de desencadear, em seus próprios membros, comportamentos marcados pela experiência cristã. De modo geral, em muitos aspectos, a influência digital católica é um sintoma dessa conjuntura eclesial e religiosa crítica e complexa.

Na cultura dominante hoje, "ocupa o primeiro lugar aquilo que é exterior, imediato, visível, rápido, superficial, provisório. O real cede o lugar à aparência".[4] Segundo as lógicas da influência digital, o cristianismo também passa a ser filtrado pelas lentes do sensacional e do folclórico, como mero produto cultural industrializado e massificado. Simplificam-se e amenizam-se as especificidades da fé cristã, mediante a individualização e a privatização extremas da prática religiosa, deixando de lado a perspectiva comunitária, central na fé cristã.

---

3 Matteo, A. *Pastorale 4.0: eclissi dell'adulto e trasmissione della fede alle nuove generazioni.* Àncora, 2020.

4 EG 62.

Na atuação de certos influenciadores digitais, há muitas vezes uma *antievangelização* e um contratestemunho flagrante ao Evangelho, mas que se revelam produtivos e rentáveis, do ponto de vista da influência digital. Trata-se basicamente de quatro atitudes:

- **Visibilidade:** quando um influenciador digital busca mais ser visto do que servir, preocupado em aumentar suas métricas digitais ou sua fama, comunicando, "em vez da glória do Senhor, a glória humana e o bem-estar pessoal".[5]
- **Futilidade:** quando um influenciador digital "barateia" ou até "liquida" a mensagem do Evangelho com conteúdos fúteis ou abordagens superficiais, oferecendo apenas "leite" e não "alimento sólido" sobre a fé (cf. Hb 5,11-14).
- **Falsidade:** quando um influenciador digital contradiz e trai os valores cristãos da verdade e da autenticidade, disseminando mentiras e desinformação sobre questões da vida social ou sobre a própria Igreja, deturpando o Evangelho.
- **Agressividade:** quando um influenciador digital faz parte de "redes de violência verbal através da internet [...] tolerando-se a difamação e a calúnia",[6] desobedecendo ao mandamento do amor dado por Jesus (Jo 13,34).

---

5 EG 93.

6 FT 46.

Pelo contrário, um missionário digital não tenta atender nem corresponder à "cartilha" da influência digital, pois não almeja ser principalmente "uma pessoa de sucesso, popular nas redes sociais e amplamente seguida pela mídia, capaz de influenciar o comportamento de um determinado público".[7] Sabe que está no mundo digital, mas *não é desse mundo* (cf. Jo 17,11.14). Um evangelizador digital, como discípulo-missionário de Jesus de Nazaré na cultura contemporânea, é chamado, portanto, a ser um *anti-influenciador digital*.

Se a influência digital – como fenômeno sociocultural e comunicacional – exige seguir padrões estipulados pelo mercado da comunicação em uma economia da atenção alimentada pelas plataformas digitais (autoimagem, autorreferencialidade, visibilidade, popularidade, engajamento, concorrência, publicidade, monetização, polemização, polarização, viralização...), um missionário digital age de modo *contracultural*. Não se preocupa com sua fama nem mede seus frutos pelas métricas digitais, mas sim pela capacidade de fomentar relações comunitárias em torno de Jesus. Por isso, busca construir uma identidade digital não narcisista nem autocentrada, servindo como uma "janela" para a mensagem do Evangelho, e não como um "espelho" voltado a si mesmo e que bloqueia essa comunicação.[8] É uma pessoa "consciente de que o valor da mensagem divulgada [...] não depende das qualidades do mensageiro. Cada seguidor de Cristo tem o potencial de estabelecer um vínculo,

---

7 A Igreja te escuta. *Síntese da etapa de escuta*, 2022, nota viii, p. 15.

8 Franguelli, B. The Presence of Priests in Social Networks: The Case of Brazil. In: Lah, P. (org.). *Navigating Hyperspace: A Comparative Analysis of Priests' Use of Facebook. Resource Publications*, 2021, pp. 125-139.

não consigo mesmo, mas *com o Reino de Deus*, até para o menor círculo dos seus relacionamentos".[9] E o Espírito Santo infunde a força para anunciar a novidade do Evangelho "em todo tempo e lugar, *mesmo contra a corrente*".[10]

Nos ambientes digitais, a "corrente" do mercado da comunicação muitas vezes promove lógicas que se afastam das lógicas do Evangelho. Na verdade, elas até se contrapõem.

Lógica do lucro	Lógica da graça
Economia da atenção	Economia do dom
Consumo	Comunhão
Individualidade	Comunidade

O fenômeno da influência digital, como vimos, é alimentado por uma economia da atenção. Predomina a lógica do lucro, que fomenta uma troca mercantil voltada à monetização, pautada na posse e no consumo individual de conteúdos e produtos. As pessoas são tratadas como meras consumidoras, priorizando a autopromoção e a vantagem individual.

Em contrapartida, o Evangelho faz brotar uma lógica da graça, que nasce do amor gratuito de Deus e alimenta uma economia do dom e da entrega. Essa lógica promove a doação recíproca, a partilha, a comunhão e o bem comum, fortalecendo o vínculo entre pessoas que se reconhecem como irmãs e irmãos na fé, companheiras e companheiros no seguimento de Jesus.

---

9 RPP 74.

10 EG 259.

O Papa Francisco exorta a Igreja a não permitir que lhe roubem o Evangelho nem o entusiasmo missionário. Pois até mesmo alguns cristãos que "aparentemente dispõem de sólidas convicções doutrinais e espirituais acabam, muitas vezes, por cair num estilo de vida que os leva a se *agarrarem a seguranças econômicas ou a espaços de poder e de glória humana*".[11] Um missionário digital, pelo contrário, está sempre em movimento de saída de si mesmo, centrando sua missão em Jesus Cristo e na entrega aos pobres. "Deus nos livre de uma Igreja mundana sob vestes espirituais ou pastorais!"[12]

João Paulo II também já disse claramente: "A Igreja é chamada a dar seu testemunho por Cristo, *assumindo posições corajosas e proféticas*, em face da corrupção do poder político ou econômico; *não correndo ela própria atrás da glória e dos bens materiais*; usando seus bens para o serviço dos mais pobres e imitando a simplicidade de vida de Cristo [...] a fim de corrigirem, em suas atitudes, aquilo que é *antievangélico* e desfigura o rosto de Cristo".[13]

Um missionário digital é seguidor de alguém que afastou de si mesmo a tentação da fama, da riqueza e do poder (Mt 4,1-11), que não serviu a dois senhores (Mt 6,24), nem condescendeu com a mercantilização da casa do Pai (Jo 2,13-22) e se fez servo de todos, a ponto de lhes lavar os pés (Jo 13,1-11), sendo fiel até à morte, e morte de Cruz. E "na Cruz tudo foi invertido. Não houve *'likes'* e praticamente nenhum 'seguidor' no momento da maior manifestação da glória de Deus! Todas as medidas humanas de 'sucesso' são relativizadas pela lógica

---

11 EG 80.

12 EG 97.

13 RM 43, grifo meu.

do Evangelho".[14] A missão cristã no ambiente digital é um chamado a ser "sinal de contradição" (Lc 2,34), de "escândalo e loucura" (1Cor 1,23) e até de "subversão" (Lc 23,2), em meio àquilo que impera no mercado da comunicação digital.

Ser um *anti-influenciador digital* implica atitudes que vão além da mera crítica. Trata-se de uma opção consciente e orante por uma presença que promove *o encontro, a escuta, o diálogo e o testemunho de vida cristã*, transcendendo e contrastando o individualismo, a superficialidade e a efemeridade típicas dos ambientes digitais.

---

14 RPP 79.

7 O método Emaús

Ainda nos anos 1970, o Papa Paulo VI reconhecia que as condições da sociedade contemporânea "obrigam-nos a todos a rever os métodos [...] de fazer chegar ao ser humano moderno a mensagem cristã".[1] O relato do encontro do Ressuscitado com os discípulos de Emaús, narrado no Evangelho de Lucas (24,13-35), é um exemplo paradigmático da pedagogia e da prática de Jesus, revelando aspectos essenciais de seu "método" missionário e evangelizador.

Logo no início de seu pontificado, em junho de 2013, quando veio ao Brasil, o Papa Francisco encontrou os bispos do nosso país e, em seu discurso, apresentou "o ícone de Emaús como *chave de leitura do presente e do futuro*".[2] E perguntou: "Somos ainda uma Igreja capaz de aquecer o coração? [...] Precisamos de uma Igreja que volte a dar calor, a inflamar o coração".

Nesse relato do Evangelho, os dois discípulos estão fugindo de Jerusalém. Segundo Francisco, afastam-se da "nudez" de Deus, que se mostrou derrotado, fracassado, humilhado na cruz, o pior suplício para os piores condenados. Esses discípulos estão escandalizados, ir-

---

1 EN 3.

2 Francisco. *Discurso no encontro com o episcopado brasileiro*, 27 jul. 2013.

108 Missionários no ambiente digital: em nome de quem?

ritados, decepcionados, entristecidos. Esse também é o mistério das pessoas que abandonam a Igreja e que consideram que ela não pode lhes oferecer mais nada de significativo e importante. "E assim – continua o papa – seguem pelo caminho sozinhos, com a sua desilusão. Talvez a Igreja lhes apareça demasiado frágil, talvez demasiado longe das suas necessidades, talvez demasiado pobre para dar resposta às suas inquietações, talvez demasiado fria para com elas, talvez demasiado autorreferencial, talvez prisioneira da própria linguagem rígida [...]; talvez a Igreja tenha respostas para a infância do homem, mas não para a sua idade adulta."

Então, Francisco nos questiona: "Perante essa situação, o que fazer?"

Ao refletirmos sobre a missão cristã nos ambientes digitais, podemos aprender e nos enriquecer com o método e a pedagogia comunicacionais de Jesus em seu encontro com os discípulos de Emaús. No relato, estão quatro princípios comunicativos fundamentais para essa missão: o *encontro*, a *escuta*, o *diálogo* e o *testemunho*. Trata-se de um *estilo evangelizador* que o próprio Jesus nos ensinou. E que continua válido e muito atual para estes tempos de redes digitais, como "dinamismo evangelizador que atua *por atração*".[3]

7.1 Encontro

> "*Nesse mesmo dia [o da Ressurreição], eis que dois discípulos viajavam para um vilarejo chamado Emaús, que ficava a uns dez quilômetros de Jerusalém. Eles iam conversando sobre to-*

---

3 EG 131, grifo meu.

das essas coisas que tinham acontecido. Enquanto conversavam e discutiam, o próprio Jesus se aproximou e se pôs a caminhar com eles..."

Na leitura do Papa Francisco, é preciso uma Igreja que não tenha medo de entrar na noite desses discípulos. "Precisamos de uma Igreja capaz de *encontrá-los no seu caminho*."

Jesus *toma a iniciativa* de encontrar os discípulos *onde eles estão*, em seu momento de desânimo e confusão, em seu caminho *para longe da cruz*, sem reconhecerem os sinais da Ressurreição. Jesus busca, vai ao encontro e acompanha as pessoas em suas realidades. Aproxima-se de quem está a caminho, de quem está em busca. Não apenas vai ao encontro deles, mas *caminha ao lado deles*, fazendo-se acessível. A partir desse encontro, nascem a confiança e a partilha, estabelece-se um vínculo que permite uma comunicação aberta e honesta.

Já é conhecida a afirmação de Francisco de que, neste tempo de redes digitais muito avançadas, o desafio é justamente redescobrir e transmitir "a 'mística' de viver juntos, misturar-nos, *encontrar-nos*". Essa experiência "um pouco caótica" pode também se transformar "em uma verdadeira experiência de fraternidade, caravana solidária, peregrinação sagrada".[4] Na missão digital, *ir ao encontro* é um gesto fundamental. Um missionário digital toma a iniciativa e vai ao encontro das pessoas onde quer que estejam, em suas diversas situações de vida, com abertura e empatia. Envia a primeira mensagem, mas sem atirar a primeira pedra. Sua presença e

---

4 EG 87.

interação on-line são ativas, abertas e acessíveis, para que o outro se sinta acolhido e ouvido.

O foco é a pessoa que está do outro lado da tela, com seu rosto e sua história. Também em rede, a comunidade missionária entra na vida do dia a dia das pessoas, "encurta as distâncias, abaixa-se – se for necessário – até à humilhação e assume a vida humana, tocando a carne sofredora de Cristo no povo. Os evangelizadores contraem assim o 'cheiro das ovelhas', e as ovelhas escutam a sua voz".[5] Desse modo, é possível construir aquela "cultura do encontro" desejada por Francisco: "Não se trata de reconhecer o outro como um meu semelhante, mas da *minha capacidade para me fazer semelhante ao outro*".[6]

Segundo Paulo VI, a Igreja se sentiria culpada perante o Senhor se não recorresse aos meios de comunicação para anunciar o Evangelho. Mas "não se trata tanto de pregar o Evangelho a espaços geográficos *cada vez mais vastos ou populações maiores em dimensões de massa*, mas de chegar a atingir e como que a modificar pela força do Evangelho os critérios de julgar, os valores que contam, os centros de interesse, as linhas de pensamento, as fontes inspiradoras e os modelos de vida da humanidade".[7] Por isso, o papa afirmava que a mensagem evangélica deve ser anunciada "com a capacidade de penetrar na consciência de cada uma dessas pessoas, de se depositar nos corações de cada uma delas, *como se cada uma fosse de fato a única, com tudo aquilo que tem de mais singular e pessoal*".[8]

---

5 EG 24.

6 DMCS 2014.

7 EN 19, grifo meu.

8 EN 45, grifo meu.

Trata-se de contemplar cada pessoa em sua realidade, "buscando sair da lógica das massas para entrar na dinâmica do Mestre".[9]

Levando em conta, porém, que o encontro não depende apenas de nós, mas também do outro e de ambientes digitais muitas vezes polarizados, é sempre bom lembrar o ensinamento de Jesus sobre a possibilidade dos "desencontros": "Se em algum lugar não receberem nem escutarem vocês, saiam daí sacudindo o pó dos pés como testemunho contra eles" (Mc 6,11).

7.2 Escuta

> *"... Os discípulos, porém, estavam como que cegos, e não o reconheceram. Então Jesus perguntou: 'O que é que vocês andam conversando pelo caminho?' Eles pararam, com o rosto triste. Um deles, chamado Cléofas, disse: 'Tu és o único peregrino em Jerusalém que não sabe o que aí aconteceu nesses últimos dias?' Jesus perguntou: 'O que foi?' Os discípulos responderam: 'O que aconteceu a Jesus, o Nazareno, que foi um profeta poderoso em ação e palavras, diante de Deus e de todo o povo...'"*

O primeiro gesto de Jesus após o encontro com esses discípulos é uma pergunta. Ele busca se conectar com eles, fazendo-se presente de modo suave, humilde, acolhedor, sem imposições, permitindo que os discípulos expressem seus sentimentos, inclusive de indignação. Essa abordagem acolhedora promove uma experiência de comunhão e de participação, fundamental para a

---

9 DGAE 198.

missão em uma Igreja sinodal. Essa atitude demonstra respeito pela *autonomia* das pessoas e pela sua capacidade de dar sentido à vida *em seu próprio ritmo*. Afinal, ninguém está certo o tempo todo, nem *eu* mesmo: daí a importância de escutar de forma sincera e receptiva.

Jesus ouve a resposta e, logo em seguida, faz mais uma pergunta. Não busca impor seu conhecimento ou seu julgamento, mas permite que os discípulos continuem compartilhando suas experiências e sentimentos à vontade, sem pressa nem pressão. Por meio da escuta, Jesus identifica as necessidades e os anseios dos discípulos. A escuta é um gesto de amor e tem uma dimensão sacramental: o ato de ouvir se torna um canal da graça divina.

Hoje também, como diz Francisco, precisamos de uma Igreja capaz de *inserir-se na conversa desses discípulos*. Um missionário digital dispõe-se a acompanhar as pessoas em todos os seus processos, por mais duros e demorados que sejam, *pondo-se principalmente à escuta*.[10] A escuta ativa é abertura e acolhimento a partir do desejo de *inclusão radical* do outro, sem excluir ninguém ("todos, todos, todos!"). Trata-se de assumir a mesma atitude de Deus, que sempre escuta seu povo. Nesse sentido, "a escuta *é já missão e anúncio*".[11] O Papa Francisco chama isso de "apostolado do ouvido", que muitas vezes pode levar até ao "martírio da paciência", mas sempre como um primeiro gesto de caridade que torna possível a proximidade.[12] O silêncio é uma

---

10 Cf. EG 24.

11 Secretaria Geral do Sínodo dos Bispos. *Alarga o espaço da tua tenda (Is 54,2): documento de trabalho para a Etapa Continental*, 2022, n. 11.

12 DMCS 2022.

forma de comunicação, e, muitas vezes, nos ambientes digitais, o melhor que podemos fazer é silenciar de forma ativa, para evitar uma espiral de violência verbal.

Os ambientes digitais também são um lugar ao qual muitas pessoas hoje recorrem para buscar ajuda e apoio. Isso ocorre particularmente em relação a situações íntimas e delicadas, como problemas de saúde em geral, depressão, luto, perda de sentido da vida, pensamentos e condutas suicidas, questões ligadas à orientação sexual e à identidade de gênero etc. É o "grito digital" que Clarice Lispector traduziu tão bem em sua prosa, muito tempo antes da internet:

> *Ouve-me, ouve meu silêncio. O que falo nunca é o que falo e sim outra coisa. [...] Capta essa outra coisa de que na verdade falo porque eu mesma não posso. Lê a energia que está no meu silêncio.*[13]

Um missionário digital está atento e vê as pessoas jogadas às margens das "estradas digitais", enche-se de compaixão e cuida de suas feridas, principalmente com o bálsamo da escuta (cf. Lc 10,33-34). Consegue ouvir o silêncio alheio ou, então, escavar a superficialidade de certas postagens e escutar nelas "essa outra coisa" de que na verdade as pessoas falam. Um missionário digital segue o exemplo de Jesus e procura criar oportunidades nas quais as pessoas possam expressar suas preocupações e dúvidas, sem medo de julgamentos ou pré-conceitos. Está sempre pronto para ouvir e não tem pressa para falar (cf. Tg 1,19). Esforça-se para responder, sempre que possível, às pessoas que o con-

---

13 Lispector, C. *Água viva*. Rocco, 1998 [1973], p. 29.

tatam por mensagem privada ou nos comentários públicos, com foco *nelas*, e não na pressão algorítmica ou nas lógicas digitais do engajamento.

Por sua vez, os conteúdos produzidos em rede também são fruto de uma escuta prévia das necessidades e das demandas das pessoas, pois "nunca se deve responder a perguntas que ninguém se põe".[14] Um evangelizador digital age como um "escutador digital", como uma *antena* e um *radar* daquilo que a sociedade em rede oferece à Igreja como contribuição ou crítica à sua missão. Ao escutar desse modo, comunicamos que cada pessoa é valiosa e digna de ser ouvida, pois tem uma dignidade infinita, que Jesus mesmo sempre valorizou.

7.3 Diálogo

> *"... Então Jesus lhes disse: 'Oh, insensatos e lentos de coração para acreditar em tudo o que os profetas anunciaram! Será que não era preciso que o Messias sofresse tudo isso e entrasse na sua glória?' E explicou-lhes o que dizia respeito a ele em todas as Escrituras, começando por Moisés e percorrendo todos os Profetas..."*

No ambiente digital, também é preciso, como afirma Francisco em seu discurso aos bispos brasileiros, "uma Igreja que saiba *dialogar com aqueles discípulos*, que, fugindo de Jerusalém, vagam sem meta, sozinhos, com o seu próprio desencanto, com a desilusão de um cristianismo considerado hoje um terreno estéril, infecundo, incapaz de gerar sentido".

---

14 EG 155.

No diálogo a caminho de Emaús, os discípulos não são meros receptores passivos, mas participantes ativos. Francisco afirma que a Igreja hoje também precisa aprender a dialogar com os homens e as mulheres de hoje para compreender os seus anseios, dúvidas, esperanças e, assim, oferecer-lhes o Evangelho, isto é, Jesus Cristo.[15] A conversa com Jesus conduz os discípulos à verdade da fé, comunicada sempre de forma gradual e compreensível. Não é um "bombardeio" de dogmas, mas um *caminhar juntos*, respeitando o ritmo de aprendizagem de cada um.

Para Paulo VI, o diálogo é um dom exterior que parte do impulso interior da caridade,[16] ou seja, do próprio dinamismo da amorosidade que nasce em Deus. É por isso que, segundo o papa, a própria Igreja é chamada a se fazer diálogo, em um esforço comunicativo universal. Ele indica ainda quatro características fundamentais do "diálogo da salvação"[17] do qual somos prolongadores em nossa missão:

1. **Clareza:** o diálogo precisa ser compreensível pelo outro. O missionário cristão precisa constantemente rever todas as formas de sua linguagem "para examinar se ela é compreensível, popular e digna".
2. **Mansidão:** aprendida com o próprio Jesus, "manso e humilde de coração" (Mt 11,29). Um missionário cristão não é orgulhoso, nem ofensivo, nem impositivo, nem violen-

---

15 Cf. DMCS 2014.

16 Cf. ES 36.

17 ES 47.

to. O diálogo que ele propõe "é pacífico [...] é paciente e é generoso".

3. **Confiança:** um missionário cristão confia tanto na eficácia da Palavra quanto na receptividade do interlocutor, excluindo todo interesse egoísta.

4. **Prudência:** um missionário cristão respeita a sensibilidade alheia e as condições pessoais do outro, como Jesus (cf. Mt 7,6). E, se preciso, revê seus métodos e sua abordagem, "para não sermos desagradáveis nem incompreensíveis".

Na cultura digital, com base nessas atitudes, o diálogo não pode ser uma mera "troca febril" de opiniões nas redes sociais digitais, como afirma o Papa Francisco, o que, no fundo, envolve apenas uma articulação de monólogos, sem prestar atenção nem escutar as razões da outra pessoa, muitas vezes com uma violência dissimulada. Pelo contrário, trata-se de "reconhecer, ao outro, o direito de ser ele próprio e de ser diferente",[18] partindo do pressuposto de que ninguém é inútil nem supérfluo e de que sempre podemos aprender algo com cada pessoa com quem dialogamos. Dialogar, segundo o papa, "significa estar *convencido de que o outro tem algo de bom para dizer*, dar espaço ao seu ponto de vista, às suas propostas. Dialogar não significa renunciar às próprias ideias e tradições, *mas à pretensão de que sejam únicas e absolutas*".[19]

Em um diálogo, o missionário digital não se pauta em um catálogo de crenças, doutrinas, orientações mo-

18 FT 218.
19 DMCS 2014.

rais, obrigações e proibições, mas sim em *aprender com o outro e juntos* a arte de *harmonizar as diferenças*, integrando-as. Essa aposta na dialogicidade revela-se como uma possibilidade de encontro entre as diferenças, a fim de construir não a uniformidade, mas sim uma "unidade na diversidade", uma "diversidade reconciliada".[20]

Em tempos de redes digitais extremizadas, com uma grande disseminação de discursos de ódio, o diálogo é um enorme desafio. Mesmo assim, como aponta Francisco, é uma opção sempre possível entre dois extremos: a *indiferença egoísta* (em que o outro não me importa ou nem sequer é visto) e o *protesto violento* (no qual eu descarrego sobre o outro todas as minhas frustrações e ressentimentos). Por meio do diálogo aberto e respeitoso, é possível buscar juntos o bem comum. Para isso, a base comum de todo diálogo deve ser "um vivo respeito pela verdade da dignidade humana, à qual nos submetemos",[21] uma dignidade sempre inalienável e infinita.

Por isso vale a pena resgatar aqui a sabedoria popular: "Quem não quer ouvir não escuta mesmo que você grite. Quem quer entender, compreende mesmo que você não fale". Como afirma a ativista estadunidense Franchesca Ramsey, precisamos resistir à tentação de nos explicarmos a quem está comprometido em nos entender mal, de forma enviesada, deturpando o que estamos dizendo.[22] Um missionário digital segue o exemplo dos apóstolos, que "saíram muito contentes por terem merecido sofrer insultos por causa do nome de Jesus" (At 5,41).

---

20 AL 139.

21 FT 207.

22 Cf. https://x.com/chescaleigh/status/1318696526646976512

Por outro lado, o diálogo pressupõe ainda *esclarecer os ignorantes*, ou seja, aquelas pessoas que estão realmente desinformadas sobre algo. Também significa *apoiar os esclarecidos*, aquelas pessoas que sofrem ataques e agressões por falarem a verdade e anunciarem a verdade do Evangelho. Em vez de contra-atacar os agressores, o desafio cristão é *samaritanizar em rede*, sentindo compaixão pela pessoa agredida e cuidando de suas feridas (cf. Lc 10,33-34).

Assim como Jesus, o missionário digital é alguém capaz de promover um diálogo que faça "arder o coração" (cf. Lc 24,32) da pessoa com quem interage, por meio do amor.

7.4 Testemunho

> *"... Quando estavam perto do vilarejo para onde iam, Jesus deu a entender que seguiria adiante. Mas eles insistiam: 'Fique conosco, pois já é tarde e a noite vem chegando.' Então ele entrou para ficar com eles. E, estando com eles à mesa, tomou o pão, abençoou, partiu e deu a eles. Então os olhos dos discípulos se abriram, e eles reconheceram Jesus."*

Como afirma Francisco em seu discurso aos bispos brasileiros, hoje é preciso cristãs e cristãos que façam companhia às pessoas e *mostrem com a própria vida o caminho verdadeiro*.

Jesus escutou e dialogou com aqueles discípulos rumo a Emaús. Mas só foi reconhecido *ao partir o pão*: um ato, um gesto, uma ação, uma comunicação prática, que se torna sacramento, revelação da presença de Jesus em nosso meio. Seu testemunho transforma o desânimo dos discípulos em alegria, "sinal de que o Evangelho foi anunciado e está frutificando".[23]

O *estilo de Jesus* é a prática encarnada do amor e do serviço ao próximo. Um missionário digital encarna esse estilo também nas redes. Pois "evangelizar é, em primeiro lugar, *dar testemunho*, de maneira simples e direta, do Deus revelado por Jesus Cristo, no Espírito Santo. Dar testemunho de que no seu Filho ele amou o mundo".[24] Hoje e sempre, Jesus quer evangelizadores que anunciem a Boa Nova "não só com palavras, mas, sobretudo, *com uma vida transfigurada pela presença de Deus*".[25] Como já disse João Paulo II, "somos missionários sobretudo por *aquilo que se é*, como Igreja que vive profundamente a unidade no amor, e não tanto por *aquilo que se diz ou faz*".[26]

Bento XVI também falava de um "estilo cristão de presença no mundo digital",[27] que permanece sempre atual. Trata-se de uma comunicação marcada por:

1. **Honestidade:** trata-se de falar sempre a verdade, evitando a disseminação de boatos e desinformação, sem dissimulação ou manipulação. Só falo ou escrevo em rede aquilo que eu teria coragem de dizer pessoalmente.
2. **Abertura:** é a capacidade de acolher todas as pessoas e de dialogar com elas, sem excluir ninguém. No fundo, é ser verdadeiramente "católico", isto é, universal.

---

23 EG 21.

24 EN 26, grifo meu.

25 EG 259, grifo meu.

26 RM 23.

27 DMCS 2013.

3. **Responsabilidade:** é assumir as consequências daquilo que se diz ou se faz em rede. Inclusive do ponto de vista legal: crime não é "liberdade de expressão": calúnia, injúria, difamação, racismo, homofobia estão prescritos na lei brasileira.

4. **Respeito:** é a busca de tratar todas as pessoas como elas gostariam de ser tratadas, valorizando sua dignidade e a nossa humanidade comum, independentemente das discordâncias ou diferenças. Ideias podem ser debatidas, mas pessoas devem ser sempre respeitadas. Insultos não são argumentos.

Ainda segundo Bento XVI, comunicar o Evangelho nos ambientes digitais não é apenas publicar conteúdos abertamente religiosos nas plataformas, mas principalmente "testemunhar com coerência – no próprio perfil digital e no modo de comunicar – escolhas, preferências, juízos que sejam profundamente coerentes com o Evangelho, *mesmo quando não se fala explicitamente dele*". Afinal, continuava o pontífice, não pode haver anúncio de uma mensagem sem um testemunho coerente por parte de quem a anuncia.

Paulo VI afirmava que a Boa Nova também é proclamada, muitas vezes, *sem palavras*. É justamente esse silêncio exterior que gera as grandes perguntas interiores no nosso interlocutor: "Por que essa pessoa é assim comigo? Por que age desse jeito?" Esse testemunho já é *"proclamação silenciosa*, mas muito valorosa e eficaz da Boa Nova".[28] A partir disso, é possível o anúncio ex-

---

28 EN 21.

plícito, a comunicação da Palavra viva, buscando dar "a razão da nossa esperança" (1Pd 3,15): a pessoa de Jesus e seu Reino.

Em uma sociedade hiperinformada, sobrecarregada de informações a todo o instante e em todo o lugar, as pessoas estão saturadas de discursos vazios, estão cansadas de ouvir e, pior ainda, estão praticamente imunizadas contra a palavra.[29] Justamente nessa "sociedade plural, onde se difundem e se entrecruzam toda espécie de mensagens, as pessoas não têm outra oportunidade melhor de conhecer o Evangelho do que encontrar-se com seus verdadeiros seguidores. [...] O Evangelho atrai quando ele se inscreve na vida de pessoas que passam a testemunhá-lo".[30] Como também dizia Paulo VI, a sociedade contemporânea escuta com mais boa vontade as testemunhas do que os mestres ou, então, se escuta os mestres, *é porque são testemunhas*.[31]

Mas o testemunho cristão não deve ser chamativo, espetacular, sensacional, "bombástico", segundo os moldes das lógicas midiáticas. "O que faz com que a experiência cristã vá se comunicando de geração em geração são as *'pequenas testemunhas', simples, discretas, conhecidas somente em seu entorno*, pessoas profundamente boas e cristãs."[32]

Em suma, também nos ambientes digitais, "não são prédicas que salvam, mas práticas. Esta é a chave básica da ética de Jesus."[33]

---

29 Cf. EN 42.

30 Pagola, J. A. *Anunciar Deus hoje como boa notícia*. Vozes, 2020, p. 69.

31 EN 41.

32 Pagola, 2020, p. 149, grifo meu.

33 Boff, L. *Cristianismo: o mínimo do mínimo*. Vozes, 2011, p. 128.

8. Para continuar o caminho...

Para discernir os caminhos da missão da Igreja nos ambientes digitais em tempos de sinodalidade, é preciso guardar no coração a ideia de que "numa semente que cai na terra Jesus viu representado seu destino. *Aparentemente um nada destinado a apodrecer e, todavia, habitado por um dinamismo de vida imparável, imprevisível, pascal*". E hoje, em uma *"cultura da luta pela supremacia e da obsessão com a visibilidade"*, como aponta o processo sinodal, a Igreja também é chamada a seguir o exemplo de Jesus.[1]

O empenho da Igreja de refletir e debater sobre a missão no ambiente digital revela um esforço para corresponder aos desafios levantados pelos processos comunicacionais em rede. A "Reforma digital" tem implicações profundas para a definição da prática pastoral, da autoridade eclesial e, em última análise, da organização e da estrutura da Igreja, que se estendem para muito além do âmbito digital. Em última instância, pode provocar – e já há sinais relevantes a esse respeito – uma "rápida desintegração da religião institucional".[2]

---

1 RdS, p. 43 [?].

2 Drescher, E. *Tweet If You Heart Jesus: Practicing Church in the Digital Reformation*. Morehouse Publishing, 2011, p. 179, tradução minha.

Por isso, a missão nos ambientes digitais exige da Igreja uma abordagem inovadora e integral, a fim de harmonizar a Tradição eclesial com suas diversas "traduções" nas linguagens e nos meios contemporâneos. Nesse caminho, como dizíamos, é preciso principalmente *voltar à práxis do próprio Jesus*, alguém que veio para "anunciar a Boa Notícia aos pobres" (Lc 4,18) e que "passou a vida fazendo o bem" (At 10,38). Sem nunca esquecer que *todo missionário não deixa de ser discípulo* e sempre deve voltar a se colocar "atrás" de Jesus, no seguimento de seus passos. E o Senhor sempre nos ultrapassa e nos surpreende...

Nesse sentido, como conclusão das reflexões aqui propostas, quero retomar algumas primazias da missão nos ambientes digitais.[3] A partir do que o Papa Francisco deseja para a Igreja de hoje, essas primazias nos ajudam a manter o foco no *anúncio do Evangelho* assim como no *diálogo com a cultura e a sociedade contemporâneas*, duas dimensões fundamentais para toda pessoa que se sente chamada a realizar sua missão nos ambientes digitais.

Em primeiro lugar, a *primazia do Evangelho*: um missionário digital é chamado a beber da fonte do Evangelho, para que o agir em rede seja coerente com a experiência do amor divino, testemunhando-o e colaborando com a construção do Reino de Deus. "No mundo atual, com a velocidade das comunicações [...], a mensagem que anunciamos corre mais do que nunca o risco de aparecer mutilada e reduzida a alguns dos seus aspectos

---

3 Cf. Medeiros, F. F.; Silva, A. A. da; Souza, A. R. de; Sbardelotto, M.; Gomes, V. B. *Influenciadores digitais católicos: efeitos e perspectivas*. Ideias & Letras; Paulus Editora, 2024.

secundários."[4] Por isso, a missão deve partir do *coração do Evangelho*: "Neste núcleo fundamental, o que sobressai é a beleza do amor salvífico de Deus manifestado em Jesus Cristo morto e ressuscitado".[5] Na ação evangelizadora, o importante e essencial é o Deus-Amor e seu Reino, o ser humano e suas necessidades. "Mais resumidamente ainda: trata-se do Pai nosso e do pão nosso no arco do sonho do Reino de Deus. *Esse é o mínimo do mínimo da mensagem de Jesus*."[6]

Infelizmente, por outro lado, Deus não tem sido uma boa notícia para muitas pessoas que hoje se afastam dele, devido a tantos "profetas de desgraças" que se apossam indevidamente do nome de "cristãos". Pelo contrário, o missionário cristão comunica uma "Boa Nova", algo que é ao mesmo tempo *bom* e *novo* para quem o recebe: a eterna novidade do infinito amor de Deus por nós, seus filhos e filhas. Por um lado, a *novidade* da Boa Nova é como o "vinho novo em odres novos" (Mc 2,22), um "vinho bom" e transbordante que não deixa a festa acabar (Jo 2,10). Por outro, a *bondade* da Boa Nova é a de um "Deus bondoso até para os ingratos e maus" (Lc 6,35), que quer "vida em abundância" (Jo 10,10) para todas e todos. "Deus é amor. Todo seu ser e seu agir é amor. De Deus só pode brotar amor."[7]

Ao mesmo tempo, "todos têm o direito de receber o Evangelho. Os cristãos têm o dever de anunciá-lo, sem excluir ninguém, e não como quem impõe uma nova obrigação, mas como quem partilha uma alegria, indica

---

4 EG 34.

5 EG 36.

6 Boff, L. *Cristianismo: o mínimo do mínimo*. Vozes, 2011, p. 103, grifo meu.

7 Pagola, J. A. *Anunciar Deus hoje como boa notícia*. Vozes, 2020, p. 140.

um horizonte estupendo, oferece um banquete apetecível. A Igreja não cresce por proselitismo, mas 'por atração'".[8] E o grande desafio de toda a evangelização é justamente este: levar todas as pessoas a tomarem "consciência de que são amadas pelo Deus-*Abba* e que devem viver essa amorosidade com todos e todas".[9] Por isso, a *caridade* também tem uma primazia. O que inaugura o Reino de Deus neste mundo é justamente o amor.[10] Um missionário digital, portanto, é chamado a não apenas falar e ensinar sobre o amor como um mero sentimento, mas principalmente a *vivê-lo e a pô-lo em prática* em seu sentido integral, sem dissociar-se da realidade concreta da história, das angústias e dos desafios da humanidade e do compromisso coletivo com o bem comum.

No caminho da Igreja contemporânea, um evangelizador digital é chamado a escutar, dialogar e caminhar com os demais irmãos e irmãs de fé, e também com aquelas pessoas de boa vontade que professam outra religião ou não se vinculam a nenhuma delas. É a *primazia da sinodalidade*. Assim, é possível construir juntos espaços de iniciativa e de visibilidade para todas e todos, a fim de superar o individualismo e o clericalismo, e mostrar a força da comunidade. Trata-se de assumir o desafio de sair do "centro" dos processos e deixar-se transformar pela riqueza do outro. Um missionário digital é chamado a renunciar à autorreferencialidade e ao egocentrismo, sem procurar exaltar a própria imagem e personalidade. Deixa-se conduzir pelo movimento do Espírito que impulsiona a Igreja a sair em missão, per-

---

8 EG 14.

9 Boff, L. *A amorosidade de Deus-Abba e Jesus de Nazaré*. Vozes, 2023, p. 87.

10 Cf. Boff, 2011, p. 131.

mitindo que a pessoa de Jesus Cristo se torne a protagonista do anúncio.

Por fim, mas não menos importante, em tempos de radicalização ideológica também no campo religioso, a *unidade eclesial* é uma primazia fundamental para o testemunho cristão em rede. Um missionário digital é chamado a praticar a acolhida e a viver irmanado primordialmente com suas irmãs e irmãos de fé, sem excluir, nem silenciar, nem invisibilizar ninguém, contribuindo para a comunhão eclesial e, assim, para a paz social. Afinal, "uma das finalidades centrais da missão é *reunir o povo de Deus*",[11] particularmente na comunhão fraterna (*koinonia*), tendo "um só coração e uma só alma" (At 4,32).

Depois de mais de 2.000 anos, portanto, o desafio continua sendo o de lançar as redes em águas (bem) mais profundas (cf. Lc 5,4). E, no caminho da sinodalidade, ainda há muitos passos a serem dados para que a *missão certa* seja feita no *Nome certo*.

---

11 RM 26.

Referências

Todos os links abaixo indicados estavam acessíveis até junho de 2024.

A IGREJA te escuta. *Síntese da etapa de escuta.* 2022. Disponível em: https://is.gd/sinodo_digital_escuta.

A IGREJA te escuta. *Síntese da etapa continental. Sínodo digital.* 30 mar. 2023. Disponível em: https://is.gd/sinodo_digital_continental.

AZEVEDO, D. S. de; SILVEIRA, A. C. de; LOPES, C. O.; AMARAL, L. de O.; GOULART, I. do C.; MARTINS, R. X. Letramento digital: uma reflexão sobre o mito dos "Nativos Digitais". *Revista Novas Tecnologias na Educação*, Porto Alegre, v. 16, n. 2, p. 615–625, dez. 2018. Disponível em: https://is.gd/6hfgBC.

BENTO XVI. Redes sociais: portais de verdade e de fé; novos espaços de evangelização. Mensagem para o 47º Dia Mundial das Comunicações Sociais. *Santa Sé,* 2013. Disponível em: https://is.gd/DMCS2013.

BOFF, Leonardo. *Cristianismo: o mínimo do mínimo.* Petrópolis: Vozes, 2011.

BOFF, Leonardo. *A amorosidade de Deus-Abba e Jesus de Nazaré.* Petrópolis: Vozes, 2023.

CASSINO, João F.; SOUZA Joyce; Silveira, Sergio A. (orgs.). *Colonialismo de dados: como opera a trin-*

cheira algorítmica na guerra neoliberal. São Paulo: Autonomia Literária, 2022.

CASTELLS, Manuel. A galáxia da internet: reflexões sobre a internet, os negócios e a sociedade. Rio de Janeiro: Zahar, 2003.

CONCÍLIO Vaticano II. Decreto *Ad gentes* sobre a atividade missionária da Igreja. In: Compêndio do Concílio Vaticano II. *Constituições, Decretos, Declarações*. 29. ed. Petrópolis: Vozes, 2000, pp. 349-400.

CONFERÊNCIA Nacional dos Bispos do Brasil. *Diretrizes Gerais da Ação Evangelizadora da Igreja no Brasil 2019-2023*. Documentos da CNBB, n. 109. Brasília: Edições CNBB, 2019.

CONFERÊNCIA Nacional dos Bispos do Brasil. *Diretório de Comunicação da Igreja no Brasil (edição atualizada)*. Documentos da CNBB, n. 99. Brasília: Edições CNBB, 2023.

DICASTÉRIO para a Comunicação. Rumo à presença plena: uma reflexão pastoral sobre a participação nas redes sociais. *Santa Sé*, 28 mai. 2023. Disponível em: https://is.gd/presenca_plena.

DOCUMENTO DE APARECIDA. Texto conclusivo da V Conferência Geral do Episcopado Latino-Americano e do Caribe. Brasília/São Paulo: Edições CNBB, Paulinas, Paulus, 2007.

DRESCHER, Elizabeth. *Tweet If You Heart Jesus: Practicing Church in the Digital Reformation*. Harrisburg: Morehouse Publishing, 2011.

FLORIDI, Luciano (org.). *The Onlife Manifesto: Being Human in a Hyperconnected Era*. Nova York: Springer One, 2015.

FRANCISCO. Discurso no encontro com o episcopado brasileiro. *Santa Sé*, 27 jul. 2013. Disponível em: https://is.gd/francisco_bispos_brasil.

FRANCISCO. Comunicação a serviço de uma autêntica cultura do encontro. Mensagem para o 48º Dia Mundial das Comunicações Sociais. *Santa Sé*, 2014. Disponível em: https://is.gd/DMCS2014.

FRANCISCO. *Exortação apostólica Evangelii gaudium (A alegria do Evangelho) sobre o anúncio do Evangelho no mundo atual.* 2ª ed. São Paulo: Paulus Editora, Edições Loyola Jesuítas, 2014.

FRANCISCO. Discurso na comemoração do cinquentenário da instituição do Sínodo dos Bispos. *Santa Sé*, 17 out. 2015. Disponível em: https://is.gd/PGJaEs.

FRANCISCO. Exortação apostólica pós-sinodal *Amoris lætitia* sobre o amor na família. *Santa Sé*, 19 mar. 2016. Disponível em: https://is.gd/amoris_laetitia.

FRANCISCO. Carta encíclica *Laudato si'* sobre o cuidado da casa comum. *Santa Sé*, 24 mai. 2015. Disponível em: https://is.gd/laudato_si.

FRANCISCO. Mediadores ou intermediários. Meditação matutina na Santa Missa celebrada na Capela da Casa Santa Marta. *Santa Sé*, 09 dez. 2016. Disponível em: https://is.gd/DIGEgr.

FRANCISCO. "Somos membros uns dos outros" (Ef 4, 25): das comunidades de redes sociais à comunidade humana. Mensagem para o 53º Dia Mundial das Comunicações Sociais. *Santa Sé*, 2019. Disponível em: https://is.gd/DMCS2019.

FRANCISCO. Exortação apostólica pós-sinodal *Christus vivit* aos jovens e a todo o povo de Deus. *Santa Sé*, 25 mar. 2019. Disponível em: https://is.gd/christus_vivit.

FRANCISCO. Carta encíclica *Fratelli tutti* sobre a fraternidade e a amizade social. *Santa Sé*, 3 out. 2020. Disponível em: https://is.gd/fratelli_tutti.

FRANCISCO. Discurso no momento de reflexão para o início do percurso sinodal. *Santa Sé*, 9 out. 2021. Disponível em: https://is.gd/lZBapr.

FRANCISCO. Escutar com o ouvido do coração. Mensagem para o 56º Dia Mundial das Comunicações Sociais. *Santa Sé*, 2022. Disponível em: https://is.gd/DMCS2022.

FRANCISCO. Inteligência artificial e sabedoria do coração: para uma comunicação plenamente humana. Mensagem para o 58º Dia Mundial das Comunicações Sociais. *Santa Sé*, 2024. Disponível em: https://is.gd/DMCS2024.

FRANCISCO. Lettera del Santo Padre all'Em.mo Cardinale Mario Grech. *Santa Sé*, 14 mar. 2024. Disponível em: https://is.gd/RMIlOj.

FRANGUELLI, Bruno. The Presence of Priests in Social Networks: The Case of Brazil. In: LAH, P. (org.). *Navigating Hyperspace: A Comparative Analysis of Priests' Use of Facebook*. Eugene: Resource Publications, 2021, pp. 125-139.

GUIMARÃES, Edward; SBARDELOTTO, Moisés. Igreja doméstica e em saída digital: horizontes novos para a vivência da fé cristã. *Cadernos Teologia Pública*, ano XVII, n. 149, vol. 17, pp. 12-22, 2020. Disponível em: https://is.gd/nCHoQP.

JOÃO PAULO II. *Encíclica Redemptoris missio de João Paulo II sobre a validade permanente do mandato missionário*. Brasília: Edições CNBB, Pontifícias Obras Missionárias, 1990.

KARHAWI, Issaaf. *De blogueira a influenciadora: etapas de profissionalização da blogosfera de moda brasileira*. Porto Alegre: Sulina, 2020.

MATTEO, Armando. *Pastorale 4.0: eclissi dell'adulto e trasmissione della fede alle nuove generazioni*. Milano: Àncora, 2020.

MEDEIROS, Fernanda F.; SILVA, Aline A. da; SOUZA, Alzirinha R. de; SBARDELOTTO, Moisés; GOMES, Vinícius B. *Influenciadores digitais católicos: efeitos e perspectivas*. São Paulo: Ideias & Letras; Paulus Editora, 2024.

PAGOLA, José Antonio. *Anunciar Deus hoje como boa notícia*. Petrópolis: Vozes, 2020.

PAULO VI. *Carta encíclica Ecclesiam suam de Sua Santidade Paulo VI sobre os caminhos da Igreja*. 4ª ed. São Paulo: Edições Paulinas, 2004.

PAULO VI. *Exortação apostólica Evangelii nuntiandi sobre a evangelização no mundo contemporâneo*. 8ª ed. São Paulo: Edições Paulinas, 1985.

PISCHETOLA, M.; HEINSFELD, B. D. "'Eles já nascem sabendo!': desmistificando o conceito de nativos digitais no contexto educacional". *Revista Novas Tecnologias na Educação*, Porto Alegre, v. 16, n. 1, jul. 2018. Disponível em: https://is.gd/yPqPv2.

PRIMO, Alê; MATOS, Ludimila; MONTEIRO, Maria Clara. *Dimensões para o estudo dos influenciadores digitais*. Salvador: EDUFBA, 2021.

PUNTEL, Joana T; SBARDELOTTO, Moisés. Da Reforma histórica à "Reforma Digital": desafios teológicos contemporâneos. *Estudos Teológicos*, v. 57, pp. 350-364, 2017. Disponível em: https://is.gd/W8hKGL.

SBARDELOTTO, Moisés. *E o Verbo se fez bit: a comunicação e a experiência religiosas na internet*. Aparecida: Santuário, 2012.

SBARDELOTTO, Moisés. *E o Verbo se fez rede: religiosidades em reconstrução no ambiente digital*. São Paulo: Paulinas, 2017.

SBARDELOTTO, Moisés. *Comunicar a fé: por quê? Para quê? Com quem?* Petrópolis: Vozes, 2020.

SBARDELOTTO, Moisés. "Excomunicação: novos modos de intolerância intrarreligiosa em tempos de midiatização digital". In M. do N. Cunha; L. J. Storto (orgs.). *Comunicação, linguagens e religiões: tendências e perspectivas na pesquisa*. Londrina: Syntagma Editores, 2020, pp. 151-180. Disponível em: https://is.gd/excomunicacao.

SBARDELOTTO, Moisés. Virtualização da fé? Reflexões sobre a experiência religiosa em tempos de pandemia. *Annales Faje*, vol. 5, n. 4, pp. 98-110, 2020. Disponível em: https://is.gd/virtualizacao.

SBARDELOTTO, Moisés. Facetas midiático-digitais do neorreacionarismo católico no Brasil. *Reflexão*, vol. 48, 2023. Disponível em: https://is.gd/neorreacionarismo.

SBARDELOTTO, Moisés. "Vejam como não se amam!": intolerância intracatólica e antievangelização em rede. *Vida Pastoral*, ano 62, n. 340, pp. 24-31, jul.-ago. 2021. Disponível em: https://is.gd/antievangelizacao.

SECRETARIA Geral do Sínodo dos Bispos. *Para uma Igreja sinodal: comunhão, participação e missão: documento preparatório*. 2021. Disponível em: https://is.gd/sinodo_doc_preparatorio.

SECRETARIA Geral do Sínodo dos Bispos. *Alarga o es-*

paço da tua tenda (Is 54,2): documento de trabalho para a Etapa Continental. 2022. Disponível em: https://is.gd/sinodo_etapa_continental.

SECRETARIA Geral do Sínodo dos Bispos. *Instrumentum laboris para a Primeira Sessão da XVI Assembleia Geral Ordinária do Sínodo dos Bispos*. 2023a. Disponível em: https://is.gd/IL_sinodo_2023.

SECRETARIA Geral do Sínodo dos Bispos. *Uma Igreja sinodal em missão. Relatório de Síntese da Primeira Sessão da XVI Assembleia Geral Ordinária do Sínodo dos Bispos*. 2023b. Disponível em: https://is.gd/sinodo_relatorio_sintese.

SECRETARIA Geral do Sínodo dos Bispos. *Grupos de estudo sobre os temas surgidos Primeira Sessão da XVI Assembleia Geral Ordinária do Sínodo dos Bispos para aprofundar em colaboração com os Dicastérios da Cúria Romana*. 2024. Disponível em: https://is.gd/GE_sinodo.

SENRA, Flávio. Sem-religião: um tema para investigação. *Interações*, Belo Horizonte, v. 17, n. 1, p. 8-14, jan./jul. 2022. Disponível em: https://is.gd/sem_religiao.

CASSINO, João Francisco; SOUZA, Joyce; SILVEIRA, Sérgio Amadeu da (orgs.). *Colonialismo de dados: como opera a trincheira algorítmica na guerra neoliberal*. São Paulo: Autonomia Literária, 2022.

SPADARO, Antonio. *Cyberteologia: pensare il cristianesimo al tempo della rete*. Milano: Vita e Pensiero, 2012.

SPADARO, Antonio. *Quando a fé se torna social: o cristianismo no tempo das novas mídias*. São Paulo: Paulus, 2016.

VALENTE, Jonas C. L. *Das plataformas online aos monopólios digitais: tecnologia, informação e poder.* São Paulo: Dialética, 2021.

VAN DIJCK, José; POELL, Thomas; DE WAAL, Martijn. *The Platform Society: Public Values in a Connective World.* Oxford: Oxford University Press, 2018.